Masha Bell

Rules and Exceptions

of

English Spelling

Pegasus Educational

PEGASUS EDUCATIONAL

© Copyright 2009
**Masha Bell**

The right of Masha Bell to be identified as author of
this work has been asserted by her in accordance with the
Copyright, Designs and Patents Act 1988.

**All Rights Reserved**

No reproduction, copy or transmission of this publication
may be made without written permission.
No paragraph of this publication may be reproduced,
copied or transmitted save with the written permission of the publisher, or in
accordance with the provisions
of the Copyright Act 1956 (as amended).

Any person who commits any unauthorised act in relation to
this publication may be liable to criminal
prosecution and civil claims for damages.

A CIP catalogue record for this title is
available from the British Library.

ISBN 978 1 90349 039 6

*Pegasus Educational is an imprint of*
*Pegasus Elliot MacKenzie Publishers Ltd.*
www.pegasuspublishers.com

First Published in 2009

**Pegasus**
**Sheraton House  Castle Park**
**Cambridge  England**

Printed & Bound in Great Britain

**Masha Bell** began to learn English as her third language at 14 and soon realised that its spelling was exceptionally difficult. It involved much more memorisation of unpredictable spellings than the writing systems of her native Lithuanian and school Russian, or those of German, French and Spanish which she studied later. When she eventually ended up teaching English in England, she discovered that English spelling caused many problems for native speakers of the language too.

Since her premature, health-necessitated retirement from teaching in 1995 she has been investigating and explaining English spelling and reading problems and producing materials for helping people to cope with them.

Apart from this book Masha Bell has also written
**Understanding English spelling**
published by Pegasus in 2004,
**Learning to Read**
published by Pegasus in 2007
and the website www.englishspellingproblems.co.uk.

# Tips for learning to spell

1. The hardest part of learning to spell English is memorising all the exceptions to basic spelling rules, rather than the rules themselves: bed, fed, led – s**ai**d h**ea**d; cat**ch**, dispat**ch** – atta**ch**.

2. The table of contents shows which spellings are particularly tricky. Regular, brief scanning of those, a few at a time, will help you.

3. Regular writing or typing out of words with tricky spellings also helps to fix them in your brain. So does making lists of the words which you keep misspelling, revisiting them and having them to hand for longer writing.

4. A few mnemonic aids, such as 'one *c*ollar, but two *s*ocks' for 'ne*c*e*ss*ary' or 'big *e*lephants *c*an *a*lways *u*pset *s*mall *e*lephants' for 'be*cause*', can also be helpful. But their overuse can clutter your brain, without helping your spelling.

5. Some troublesome spellings can be linked to other words, such as 'defin*i*te' to 'def*i*ne', but most just have to be learned one by one: l*ea*ve, sl*ee*ve, *e*ven, bel*ie*ve, w*ei*rd, pol*i*ce, p*eo*ple.

6. Don't let your difficulties with English spelling make you think that you are intellectually inferior. Your problems are due mainly to 3695 common English words having some logically unfathomable letters like those above.

7. The best way to learn to spell English is to read and write as much as possible without getting anxious about making spelling mistakes. Many great people, such as Darwin and Einstein, spelt very badly. Shakespeare was certainly confused about English spelling too. He spelt his name in several different ways.

# Contents

The spelling pattern and exceptions from them are listed as shown below.
Spellings which **lack a clearly dominant pattern** are in bold.

| | | | |
|---|---|---|---|
| A | p. 7 | N | p. 29 |
| -able / -ible | " | O | p. 30 |
| A-e / ai | " | **O-e** */ oa / ow / oe / o* | " |
| -ay / -ey / -eigh | p. 8 | -oe, -ow, -o | p. 31 |
| **Air** / are | p. 9 | Oi / - oy | " |
| -al / -el / -il / -ol | " | OO (long) | p. 32 |
| Ar | " | OO (short) | p. 33 |
| -ard | p. 10 | Or | " |
| **-ary** /-ery/-ory/-ury/-ry | " | -or / -ore | p. 34 |
| **Au** /aw/al/augh/ough | p. 11 | Ou /ow, -ow | " |
| B | p. 12 | P | " |
| C | " | Qu | " |
| -ce | p. 12 | R | p. 35 |
| -ce- /-ci-, -cy | p. 14 | S | " |
| Ch / -tch | " | Sh | p. 36 |
| -cian | p. 15 | -sion, -sure | " |
| -ck | " | T | " |
| D | " | -tch, -te, th | p. 37 |
| **de-** /di- | " | -**tial**/cial | p. 38 |
| E | p. 16 | -tion / -ssion / -sion | " |
| **Ee** / ea / e-e / ei / ie / i-e | p. 16 | -**tious** /-cious | " |
| **-en** /-on/-eon/-an/-in/-ain | p. 19 | U | p. 39 |
| **-ence** /-ance, -ent/ -ant | p. 20 | U-e | p. 40 |
| **er** / ur/ ir/ ear /or /our | p. 21 | -ue /-ew | " |
| -er /-or/-our/-ar/-re/-ure/-a | p. 22 | V / -ve | p. 41 |
| F | p. 24 | W | " |
| G, -ge- /-gi- | p. 25 | X | p. 42 |
| H | " | Y | " |
| I, in- /-en | p. 26 | Z / s | p. 43 |
| I-e | p. 27 | **Doubled consonants** | p. 45 |
| **J** | p. 28 | | |
| K | " | Grammatical irregularities | p. 52 |
| L /-le | p. 29 | Apostrophes | p. 55 |
| M | " | Reading problems | p. 56 |

**Please note**

1. The left hand columns give examples of common words that use a given pattern, such as **–able**. (More words with regular spellings for such patterns can be found on the Learning to Read page at www.englishspellingproblems.co.uk.)

2. Words in the right hand columns use different spellings for the patterns exemplified in the left hand columns (ed**ible**).

3. Patterns which are disobeyed by more, or nearly as many, words as those that follow them are picked out in bold in the Table of Contents, such as **air** and **ee**, and all common words using that pattern as well as all those with different spellings are listed.

4. Words followed by <**x2**> have more than one pronunciation, for example 'read x2' can be [reed] or [*red*]: 'I read every day',
                                  'I *read* yesterday'.

5. Letters in italics are problematic for reasons other than the variant spellings in a particular listing: **Sitter** - **ci***t***y** (**s** / **c**, and also tt / *t*).

**A** — Only two words don't spell the short /a/ sound as in *'cat'* or *'rang'*:
    Plait, meringue

**-able / -ible** — Quite a few words spell the common <-able> ending <-ible> instead.

| | |
|---|---|
| Abomin**able**, adorable, amiable, arable, available, capable, comparable, constable, desirable, formidable, inevitable, inflammable, irritable, liable, miserable, notable, portable, probable, reliable, remarkable, respectable, suitable, syllable, valuable, variable, vulnerable. | Aud**ible**, compatible, edible, eligible, feasible, flexible, horrible, illegible, incredible, invisible, permissible, possible, responsible, sensible, terrible, visible, tangible. |

**A-e / ai** — The main spelling for the long /a/ sound is <**a-e**> (d*a*te, m*a*te), but *before* <*l*> and <*n*> the spelling is more often <**ai**>. Quite a few words have both spellings, but for *different meanings (ale/ail)*. Many more with several meanings have just one spelling (faint, grain).

| | |
|---|---|
| **Al**e, bale, hale, male, pale, sale, tale, vale, whale, | **Ail**, bail, hail, mail, pail, sail, tail, v**ei**l, wail, |
| dale, gale, scale, stale, female, inhale, halo. | d**ah**lia, fail, jail, nail, rail, snail, trail, assail, available, cocktail, detail, prevail, retail, tailor, trailer. |
| M**a**ne, pane, plane, | M**ai**n, pain, plain, |
| crane, lane, sane. | brain, chain, drain, gain, grain, rain, slain, sprain, stain, strain, train, vain. V**ei**n, reins, reindeer, skein. D**eig**n, feign, reign. |
| | Ain't, faint, paint, quaint, saint. |
| *Longer words:* Insane, membrane. | Abstain, again, ascertain, attain, chilblain, complain, contain, detain, entertain, explain, maintain, obtain, refrain, remain, retain, sustain, trainer, acquaint, dainty. Camp**aig**n, champ**ag**ne. |

*Continued on next page.*

**A-e / ai**  Continued from previous page.

## With an /a-e/ sound before letters other than <l> or <n>:

| | |
|---|---|
| B**abe**, b**a**by, l**a**bour, l**a**bel, | n**eigh**bour, **a**ble, c**a**ble, cr**a**dle, f**a**ble, g**a**ble, l**a**dle, s**a**bre, st**a**ble, t**a**ble. |
| **Ace**, f**a**ce, l**a**ce, pl**a**ce.... Ba**s**e, ca**s**e, cha**s**e. Gr**ade**, m**a**de, sh**a**de .... B**ake**, c**a**ke, m**a**ke, t**a**ke... | Pl**ai**ce. **Ai**d, br**ai**d, l**ai**d, afr**ai**d, m**ai**d, p**ai**d, r**ai**d. Br**ea**k, st**ea**k. |
| C**ame**, f**a**me, fl**a**me, fr**a**me ... **Ape**, c**a**pe, gr**a**pe, sh**a**pe... | **Ai**m, cl**ai**m, excl**ai**m, m**ai**m, procl**ai**m. H**a**lfpenny. |
| H**aste**, p**a**ste, t**a**ste, w**a**ste. **Ate**, d**a**te, f**a**te, g**a**te, h**a**te, l**a**te, m**a**te, pl**a**te, r**a**te, sk**a**te, sl**a**te, st**a**te, c**a**ter, cr**a**ter, gr**a**teful, celebr**a**te, concentr**a**te, decor**a**te. | W**ai**st. B**ai**t, pl**ai**t, w**ai**t, aw**ai**t, str**ai**ts, tr**ai**tor, w**ai**ter, str**aigh**t, **eigh**t, fr**eigh**t, w**eigh**t, gr**ea**t, f**ê**te. |
| B**athe**, l**a**the. Br**ave**, c**a**ve, cr**a**ve, g**a**ve... | F**ai**th |
| Bl**aze**, bl**a**zer, br**a**zen, cr**a**ze, g**a**ze, gr**a**ze, h**a**ze, h**a**zel, l**a**ze, m**a**ze, am**a**ze, er**a**se, **ph**ase, **ph**rase. | D**ai**sy, pr**ai**se, r**ai**se, r**ai**sin. |

**-ay / -ey / eigh**   The < *-ay* > ending has quite a few exceptions too.

| | |
|---|---|
| Bay, bray, clay, day, fray, gay, hay, lay, may, okay, pay, play, pray, ray, say, slay, spray, stay, stray, sway, tray, way, away, Friday, midday, Sunday, today, array, astray, betray, decay, delay, dismay, display. | Th**ey**, grey, hey, whey, convey, obey, survey. |
| | N**eigh**, sleigh, weigh. |
| | Ball**et**, beret, bouquet, buffet, duvet, chalet, crochet. |
| | Caf**é**, matin**ée**. |

| Air / are | The spelling of this sound is highly unpredictable. |
|---|---|
| B**are**, bl**are**, c**are**, d**are**, f**are**, fl**are**, gl**are**, h**are**, m**are**, p**are**, r**are**, sc**are**, sh**are**, sn**are**, sp**are**, squ**are**, st**are**, w**are**. | **Air**, ch**air**, f**air**, fl**air**, h**air**, l**air**, p**air**, st**airs**, d**air**y, pr**air**ie, aff**air**, desp**air**, écl**air**, rep**air**, questionn**aire**. **Bear**, p**ear**, sw**ear**, w**ear**, t**ear** x2 [tair /teer]. |
| **Are**a, aw**are**, comp**are**, decl**are**, p**are**nt, prep**are**. | **Aer**ial, **aer**oplane, **aer**obatics. |
| Can**ar**y, M**ar**y, w**ar**y, hil**ar**ious, mal**ar**ia, v**ar**ious, veget**ar**ian. | Th**eir**, h**eir**. Th**ere**, wh**ere**. |

| -al / -el / -il / -ol | This much used ending has 32 exceptions. |
|---|---|
| Actu**al**, admir**al**, anim**al**, annu**al**, biblic**al**, biologic**al**, brut**al**, buri**al**, capit**al**, carniv**al**, casu**al**, cathedr**al**, cere**al**, chemic**al**, clinic**al**, coloni**al**, coloss**al**, continent**al**, cor**al**, cordi**al**, corpor**al**, crimin**al**, critic**al**, cruci**al**, cryst**al**, cultur**al**, cyclic**al** ... (In at least 200 words) | Caram**el**, cocker**el**, colon**el**, cru**el**, dies**el**, driv**el**, du**el**, eas**el**, fu**el**, grav**el**, haz**el**, host**el**, jew**el**, lab**el**, nov**el**, spani**el**, tow**el**, vow**el**, weas**el**. Civ**il**, dev**il**, ev**il**, pup**il**. Capit**ol**, car**ol**, cholester**ol**, id**ol**, paras**ol**, petr**ol**, pist**ol**, symb**ol**. |

To help them remember the variant spellings <-el, -il, -ol> for <-al>, learners tend to exaggerate their pronunciation during the learning stage and often end up thinking that they sound different, but in normal speech they all have the same sound.

Please note that in the words above the <-al, -el, -il, -ol> endings follow a single consonant. After two consonants the ending is generally spelt <-**le**>: ang*le*, bund*le*, unc*le*. For exceptions to this pattern see **L** p.29.

| Ar | There is just one exception to the spelling pattern of |
|---|---|

'*bar, car, far*': < **are** >, but for speakers of standard UK English there are further exceptions, because they pronounce the stressed <*a*>, < *al* >, < *au* > and <*er* > in the words on the next page just as the <*ar*> of <*car*> too.

Ask, bask, blast, cask, cast, caste, clasp, contrast*, fast, flabberg**a**st, flask, gasp, ghastly, grasp, last, mask, mast, past, r**a**scal, task, vast, br**a**ss, cl**a**ss, gl**a**ss, gr**a**ss, p**a**ss, m**a**ss*.

Adv**a**nce, aval**a**nche, ban**a**na, br**a**nch, ch**a**nce, d**a**nce, ch**a**nt, enh**a**nce, gl**a**nce, l**a**nce, pl**a**nt, pr**a**nce, sl**a**nt, sopr**a**no, st**a**nce, tr**a**nce.

**A**fter, craft, daft, draft, gir**a**ffe, graft, raft, shaft, staff.

**Al**mond, calf, calm, half, halve, palm, gala.

Drama, example, panorama, salami. Bath, path, father, lather, rather.

Br**a**, la, ma, pa, spa, **ah**, hurrah, shah, b**aa**, arm**a**da, fusel**a**ge, promen**a**de, strata, v**a**se.
Gr**a**ph, dr**a**ught, l**a**ugh. **A**unt. Cl**e**rk.

**-ard**   The spelling of this ending (awkw*ard*, cow*ard*, forw*ard*) has just one exception: shep*herd* - (originally *'sheep herder'*).

**-ary** **/-ery** **/-ory** **/-ury** **/-ry**   The spelling of this ending is tricky, with 37 words using <—ary> and 59 having other spellings.

| | |
|---|---|
| Advers**ary**, anniversary, arbitrary, aviary, boundary, burglary, commentary, contemporary, contrary, diary, dictionary, elementary, estuary, February, January, library, literary, military, monetary, necessary, ordinary, planetary, preliminary, primary, pulmonary, reactionary, revolutionary, salary, secondary, secretary, solitary, stationary, summary, temporary, veterinary, vocabulary, voluntary. | Arch**ery**, artery, artillery, blustery, celery, cemetery, colliery, crockery, delivery, discovery, drudgery, every, gallery, jewellery, lottery, machinery, monastery, mystery, nursery, pottery, recovery, robbery, scenery, stationery, surgery. |
| | Categ**ory**, dormitory, factory, history, inventory, ivory, laboratory, memory, observatory, satisfactory, territory, theory. |
| | Carpen**try**, chemistry, country, entry, gantry, industry, infantry, paltry, pantry, pastry, poetry, poultry, symmetry, tapestry. |
| | Cent**ury**, injury, luxury, Mercury, mercury, treasury. Sav**oury**. |

| **Au** /aw / al /augh /ough | The use of <*au / aw*> and other alternatives is unpredictable; and in standard UK English **or** (p.33) has the same sound too. |
|---|---|
| | Cl**aw**, dr**aw**, fl**aw**, gn**aw**, j**aw**, s**aw**, str**aw**, th**aw**, l**aw**, p**aw**, r**aw**. |
| **Au**burn, auction, audible, August, authentic, author, authorise, automatic, autonomy, autumn, daub, g**au**dy, sauce, saucer, | **Awe**, **aw**ful, awkward, awning. |
| | **Bawd**y, dawdle, br**oa**d. |
| | Hawk, squawk. |
| h**aul**, maul, Paul, cauldron, tarpaulin, | **Bawl**, brawl, crawl, drawl, scrawl, shawl, sprawl, trawl. **All**, **al**most, already, also, altogether, always, b**all**, call, recall, fall, gall, hall, pall, small, squall, stall, inst**all**, inst**al**ment, tall, wall, app**al**, b**al**d, scald, chalk stalk, talk, |
| ass**au**lt, fault, somersault, vault, | altar, alter, (alternate, alternative), falter, halt, salt, p**ou**ltry. **Wa**lnut, walrus, waltz, **wa**ter. |
| h**aun**t, jaunt, launch, launder, staunch, taunt, appl**ause**, cause, pause, Santa-Claus, exhaust, caution, astron**aut**, cosmonaut, nautical, taut. | Br**awn**, dawn, drawn, fawn, lawn, pawn, prawn, sawn, spawn, yawn. C**augh**t, daughter, haughty, naughty, slaughter, taught. B**ough**t, brought, fought, nought, ought, sought, thought. **Wa**r, warble, ward (award, reward), wardrobe, warm, warn, warp, wart, dwarf, **wo**re, **wo**rn. |

**B**    The *letter* <*b*> is the only spelling for the /b/ sound, but it can sometimes be *silent* or *have other roles*.

| Bib, bob, bulb ... | Bomb, crumb, dumb, lamb, limb, numb, thumb, succumb, debt, doubt, subtle. Climb [clime],    tomb [toom],    womb [woom]. |
|---|---|

**C**    The **letter** <c> is the main spelling for the /k/ sound:
1) before < a, o> and < u > (**cat, cot, cut**),
2) **at the end of longer words** (musi**c**, fantasti**c**) and
3) before <l> and <r> (**cl**ip, **cr**op),
                      but not in the words shown below.

| **Ca**b, can, cap, candle, cabbage, cactus, cage, cake, scale, decay. **Co**b, cot, coconut, coo**l**, coi**l**. **Cu**b, cup, cut, cube, cue. | **Ch**ameleon, character, chasm, mechanical, **k**aleidoscope, kangaroo, karate, kayak. Skate, chaos, bou**qu**et. **Ch**olesterol, chorus, anchor, psychological, school, **qu**oit,    tur**qu**oise. |
|---|---|
| Comi**c**, franti**c**, musi**c**, mania**c**. | Atta**ck**,    barra**ck**, ransa**ck**, anora**k**,    stoma**ch**. |
| **Cl**ap, clip, clop. **Cr**ab, crop, crunch, cream, scream. | **Ch**lorine, cho**co**late. **Ch**ristmas, chrome, chrysalis, chrysanthemum, ma**ck**erel. Te**ch**nical,    co**ck**ney, co**ck**tail. |

**-ce**    This is the main spelling for an **/s/ sound** *in word endings* (fa**ce**, fen**ce**, for**ce**), but with the following exceptions:

| Bra**ce**, embrace, face, grace, lace, pace, race, space, trace, place, pl**aice**, replace, retrace. Sau**ce**. P**ea**ce, p**iece**, fl**eece**, pol**ice**. D**ice**, ice, mice, nice, price, rice, slice, twice, vice, advice, device, sacrifice. Ch**oice**, rejoice, voice. introd**uce**, reduce, truce, juice, sluice. | Ba**se**\*, case, chase.    \**After vowels*, the main sound    for <se> is /z/: (phrase, rise, rose). Cea**se**, crease, grease, increase, release, gee**se**, the**se**. Conci**se**, preci**se**. Clo**se**x2, dose,    hou**se**x2, mou**se**, goo**se**, loose, noose, excu**se**x2, u**se**x2 [no uce /to uze]. |
|---|---|

**-ce** *In the endings of longer words* the spellings of the **final /s/ sound** *and* the **vowel before it** are both very unpredictable:
serv**ice**, prom**ise**, canv**as**, carc**ass**; nov**ice**, men**ace**, lett**uce**.

| A pract**ice**, apprent**ice**, armist**ice**, copp**ice**, crev**ice**, just**ice**, not**ice**, nov**ice**, off**ice**, precip**ice**, serv**ice**. | to pract**ise** *(UK)*, prem**ise**, prom**ise**. Analys**is**, ax**is**, bas**is**, bronchit**is**, chrysal**is**, cris**is**, emphas**is**, hypothes**is**, ir**is**, oas**is**, pelv**is**, probo**s**c**is**, synthes**is**, tenn**is**, tonsillit**is**, trell**is**. |
|---|---|
| Men**ace**, neckl**ace**, pal**ace**, surf**ace**, terr**ace**. | Purch**ase**. Atl**as**, canv**as**, Christm**as**, pamp**as**, pyjam**as**. Carc**ass**, comp**ass**, embarr**ass**, tresp**ass**. |
| Lett**uce**. | Absc**ess**, acc**ess**, congr**ess**, cypr**ess**, fortr**ess**, mattr**ess**, proc**ess**, progr**ess**, rec**ess**, harn**ess**, witn**ess**. Purp**ose**, tort**oise**. |

**-ce** After **consonants**, <ce> is the main spelling for a final /s/ sound.

Abse**nce**, abundance, acceptance, accordance, adolescence, advance, alliance, allowance, ambulance, announce, appearance, appliance, assurance, balance, chance, circumference, commence, competence, conference, confidence, conscience, consequence, convince, dance, defence, difference, distance, dunce, endurance, enhance, entrance, essence, evidence, existence, experience, fence, finance, fragrance, glance, guidance, hence, ignorance, importance, independence, indifference, influence, innocence, insolence, instance, insurance, intelligence, interference, lance, licence, maintenance, mince, nuisance, occurrence, offence, once, ounce, patience, pence, performance, pounce, prance, presence, prince, pronounce, providence, quince, reference, resistance, romance, science, sentence, sequence, significance, silence, since, stance, substance, trance, vengeance, violence, wince.

Commer**ce**, divorce, enforce, fierce, force, pierce, reinforce, source.

El**se**, pulse, impulse.

Den**se**, expanse, expense, immense, intense, license, nonsense, response, rinse, sense, suspense, tense.

Colla**pse**, copse, corpse, eclipse, elapse, glimpse, lapse.

Coar**se**, course, curse, gorse, hoarse, horse, nurse, purse, rehearse, reverse, universe, verse, worse.

| -ce-, -ci- | Inside words, the main spelling for the /s/ sound is \<c\>, but with quite a few exceptions. |
|---|---|
| Ancestors, cancel, cancer, concentrate, concept, conception, concern, concert, December, decent, grocer, innocent, license, licentious, magnificent, necessity, parcel, percent, perception, pincer, porcelain, princess, process, procession, reception, recent, recess, rhinoceros, saucer. | Absent, advertisement, arsenic, consent, consequence, conservative, counsel, insect, insert, morsel, persevere, prosecute. |
| Conceal. Conceit, conceive, deceit, deceive, receipt, receive. Facetious, precede, procedure. Proceed, proceedings, proceeds. Plasticine. | Abscess, ascend, descend, descent, ascertain, condescension, crescent. |
| Council, criticism, deciduous, decision, facilities, hyacinth, incident, medicine, narcissus, Pacific, participation, pencil, precision, principal, principle, specific, stencil. | Analysis, basic, basin, consider, consist, crisis, emphasis, insist, oasis, persistent, responsible, tonsil, university, utensil. Discipline, fascinating, proboscis. |
| Coincide, decide, decisive, decipher, docile, exercise, precise, recite, society, suicide | Capsize, prehensile. Disciple. |

| -cy | This is the main spelling for a /-see/ sound in word endings. | |
|---|---|---|
| Accuracy, delicacy, aristocracy, conspiracy, democracy, diplomacy, policy, juicy. Agency, emergency, fancy, frequency, vacancy, tendency, urgency. Mercy. | Embassy, fantasy, courtesy. Gypsy, topsy-turvy. Controversy. |

| Ch | The /ch/ sound has no alternative spellings, other than \<tch\> after short vowels: Catch, hatch, latch, match, patch, scratch, snatch, thatch; sketch, stretch, wretch; ditch, hitch, itch, pitch, stitch, switch, twitch, witch; notch, watch; hutch, Dutch.
But: which, much, such, touch

\<Ch\> is sometimes also used instead of \<c\> (chaos), as shown on p.12, and for the /sh/ sound (chute) p. 36.

**-cian** This is the regular spelling for a final /-shn/ sound in words which are related to *ones ending with –c*: music - musician.
For other endings with a final /-shn/ sound (na*tion*) see **Sh** on p. 36.

**Ck** This is used for a /k/ sound *at the end of short words* (pa**ck**, so**ck**) and *inside* words after short vowels (pa**ck**et, po**ck**et), but not reliably so.

| | |
|---|---|
| Ba**ck**, sa**ck**, ta**ck**, tra**ck**... Ne**ck**, che**ck**... | **S**a**c**, ma**c**, ya**k**. **Ch**e**que**, re**c** (short for 'recreation ground'). |
| Bra**ck**en, bra**ck**et, pa**ck**et, ja**ck**et, ra**ck**et... Be**ck**on, re**ck**on... | A**cc**urate, toba**cc**o. Va**cu**um. La**cqu**er. De**c**ade, exe**c**utive, re**c**ognise, re**c**ord, se**c**ond, se**c**ular. E**ch**o, me**ch**anism. Che**qu**ered. |
| Bi**ck**er, chi**ck**en, cri**ck**et... Co**ck**erel, cro**ck**ery, ho**ck**ey, po**ck**et, so**ck**et.. Bu**ck**et. Cu**ck**oo. | Pi**cc**olo. Li**qu**or. Cro**c**odile, do**c**uments. O**cc**upy, so**cc**er. Su**cc**ulent. Coo**k**er. |

**D** <D> and <dd> are the only spellings for the /d/ sound and for *marking a short vowel before* <g> (bri**d**ge - obli**g**e), but not consistently so (*rigid, digit*) – as shown in more detail on page 46.
Occasionally <d> makes no sound at all: a**d**jective, a**d**join, a**d**just.

**De-** The spelling of *de-* at the beginning of words, as an *unstressed prefix* ('*de*fend' as opposed to '*de*tail'*),* is rather unpredictable.

| | |
|---|---|
| **De**cay, declare, decline, deceive, December, decide, deciduous, decipher, decision, decisive, deduct, defeat, defect, defend, defiant, define, definite, degree, delay, delicious, delight, deliver, demand, democratic, demolish, denial, deny, depart, department, depend, deport, deposit, depression, derive, descend, describe, deserve, design, despair, despatch, despise, despite, destiny, destination, destroy, detached, detain, detect, detention, detergent, determine, detest, devalue, develop, devise, devote, devour. | **Di**ctate, diffusion, dilapidated, di̱lemma, diploma, diplomatic, disappear, disaster, discharge, disciple, discover, discuss, disease, disguise, disgust, dismantle, dismay, displace, display, dispose, dispute, distinct, distribute, disturb, divide, divine, division, divorce. |

**E** Many common words do not spell the *short /e/* sound with <e>.

| | |
|---:|:---|
| *Bred*... | *Bread*, breadth, dead, dread, head, |
| red... | leadx2, *read*x2, spread, thread, |
| nest... | breast, breath, deaf, |
| belt... | dealt, death, health, realm, wealth, |
| kempt, bent ... | dreamt, leant, meant, |
| slept, net... | leapt, sweat, threat. |
| |     Breakfast, cleanliness, cleanse, endeavour, feather, heather, heaven, heavy, instead, leather, measure, stealthy, treacherous, treadmill, treasure, weather. |
| end.... | Fr**ie**nd. |
| | L**ei**sure, l**ie**utenant – [lesure, leftennant] in UK. |
| | Ag**ai**nst, s**ai**d, s**ay**s, **e**v**e**ry, W**e**dnesday. |
| | The following are also *without a doubled consonant* after their short /e/ sound: |
| J**ell**y, t**e**lly | J**ea**lous, z**ea**lous, |
| t**edd**y, | m**ea**dow, r**ea**dy, st**ea**dy, alr**ea**dy, |
| p**epp**er, | w**ea**pon, j**eo**pardy, l**eo**pard; |
| | p**ea**sant, ph**ea**sant, pl**ea**sant. |
| b**err**y, | b**u**ry; h**ei**fer. |
| P**e**nny, J**e**nny. | **A**ny, m**a**ny. |

**Ea /ee** /e-e /ei /ie /i-e The very unpredictably spelt /ee/ sound, which occurs in 452 common words, has the main spellings <ea> and <ee>, four others <e-e, ie, ei, i-e> and some rarer ones <e, eo>. It is often spelt differently for *different meanings* (*beech* tree /sandy *beach*).

| With <**ee**>: | With **other spellings:** |
|---:|:---|
| | App**ea**l, app**ea**r, adh**e**re, adhesive, arena, ach**ie**ve, albino, antique, aubergine, |
| B**ee**, | b**e**, |
| b**ee**ch, b**ee**n, b**ee**t, | b**ea**ch, b**ea**n, b**ea**t, |
| b**ee**f, b**ee**r, b**ee**tle, | b**ea**con bead beak, beam, beard, beast, beaver, |
| betw**ee**n, bl**ee**d, | bleach, bleak, bleat, breathe, |
| bl**ee**p, br**ee**d, br**ee**ze, | beneath, |
| | bel**ie**f, believe, brief, bik**i**ni, |
| ch**ee**k, ch**ee**r, ch**ee**se, | ch**ea**p, cheat, |
| ch**ee**tah, | ch**ie**f, |
| | cl**ea**n, clear, |
| cr**ee**k, creep, | cr**ea**k, cream, crease, creature, |

**Ea /ee /e-e /ei /ie /i-e** *continued*

| | |
|---|---|
| *Longer words with /ee/ which start with < c >:* | cafeteria, cathedral, chameleon, chinese, comedian, compete, complete, concrete, convene, convenient, colleague, conceal, congeal, conceive, clementine, |
| career | cavalier, chandelier, |
| deed, deep, deer, discreet, domineer, | deal, dean, dear, decrease, defeat, disease, dream, dreary, decent, demon, diesel, deceit, deceive, debris, |
| eel, eerie, engineer, exceed, | each, eager, eagle, ear, ease, east, eastern, Easter, eat, eaves, equal, era, eve, even, evil, exterior, extreme, experience, |
| fee, feeble, feed, feel, *feet,* flee, fleece, fleet, free, freeze, | fear, feast, feat, feature, flea, freak, female, fever, frequent, field, fiend, fierce, frontier, fatigue, |
| geese, glee, greed, green, greet, | gear, gleam, glean, grease, grief, grieve, guillotine, |
| heel, | heal, heap, hear, heat, heath, heathen, heave, he, here, hero, hyena, hygienic, |
| indeed, | increase, imperial, inferior, ingredient, interfere, intermediate, |
| jeep, jeer, | jeans, gene, genie, genius, |
| keel, keen, keep, knee, kneel, | key, quay, kiosk, kiwi, knead, |
| lee, *leek,* | leach, leadx2, leaf, league, *leak,* lean, leap, lease, leash, least, leave, lever, legal, legion, lenient, |
| meek, *meet,* | meagre, meal, mean, measles, *meat,* me, medium, mere, meteor, meter, met*re,* material, millipede, mysterious, machine, magazine, margarine, marine, mosquito, medieval, |

*Continued on next page.*

|  |  |
|---|---|
| need, needle, | near, neat, niece, ordeal, obedient, |
| *peek, peel,* peep, peer, pioneer, preen, | pea, peace, peach, *peak, peal,* peanut, peat, plea, plead, please, pleat, preach, period, peter, persevere, polythene, previous, |
| proceed, proceedings, proceeds, | precede, protein, piece, pier, pierce, priest, pizza, plasticine, police, prestige, people, |
| queen, queer, reed, reef, reel, | queasy, query, reach, *read*x2, real, really, reap, rear, reason, release, repeat, retreat, reveal, recent, recess, region, relay, receive, receipt, relieve, relief, ravine, regime, routine, |
| screech, screen, *see,* seed, seek, *seem,* seen, seep, seesaw, | scream, sea, seal, seat, *seam,* sear, cease, season, secret, cedar, scene, sequence, sequin, cereal, series, serious, serum, siege, seize, ceiling, |
| sheep, *sheer,* sheet, sleek, sleep, sleet, sleeve, smithereens, sneer, sneeze, speech, speed, squeeze, *steel,* steep, steeple, steer, street, succeed, sweep, sweet, | sheaf, *shear,* sheath, she, shield, shriek, sheik/h, chic smear, sneak, speak, spear, squeak, squeal, squeamish, *steal,* steam, streak, stream, severe, scheme, sincere, species, sphere, stampede, strategic, superior, supreme, swede, ski, souvenir, *suite,* sardine, |
| *teem,* teeth, teetotal, thirteen, three, tree, tweed, tweezers, | tea, teach, teak, *team,* tearx2, tease, theatre, treacle, treason, treat, treaty, tedious, theme, theory, these, torpedo, trapeze, **the** x2, thief, thieve, tier, tambourine, tangerine, trampoline, trio, unique, |
| volunteer, weed, *week,* weep, wheedle, wheel, wheeze, wildebeest. | veal, vehicle, venus, vaseline, *weak,* wean, weary, weasel, weave, wheat, wreak, wreath, we, weir, weird, wield, |
|  | year, yeast, yield, zeal, zero. |

The /ee/ sound is **spelt predictably** only in stressed endings:

Agr**ee**, chimpanz**ee**, degr**ee**, dungar**ees**, employ**ee**, guarant**ee**, interview**ee**, jambor**ee**, jubil**ee**, marqu**ee**, refer**ee**, refug**ee**, sett**ee**, trust**ee**.

**en / -on /-eon /-an /-ain /-in**   The *unstressed vowel before a final <-n> is spelt mainly with <e>*, (fast*en*, elev*en*), but not reliably so.

| | |
|---|---|
| Abdom**en**, alien, awaken, barren, bitten, bracken, brazen, brighten, chicken, children, chosen, christen, citizen, delicatessen, dozen, driven, eleven, even, fallen, forgotten, frighten, frozen, garden, given, glisten, golden, happen, heathen, heaven, hidden, hydrogen, kindergarten, kitchen, kitten, laden, lessen, lichen, listen, loosen, madden, mitten, often, omen, open, oven, oxygen, pollen, raven, ridden, ripen, risen, rotten, sadden, seven, sharpen*, sodden, specimen, spoken, stamen, stolen, strengthen, sudden, sullen, swollen, taken, threaten, token, vixen, warren, women, wooden, woollen, written. | Aband**on**, apron, bacon, badminton, baron, baton, beacon, beckon, bison, carbon, carton, cauldron, common, comparison, cordon, cotton, coupon, crayon, crimson, damson, demon, dragon, electron, flagon, gallon, heron, horizon, iron, jettison, lemon, lesson, mason, matron, melon, mutton, nylon, octagon, pardon, pentagon, person, phenomenon, piston, poison, prison, pylon, python, reason, reckon, ribbon, salmon, salon, Saxon, season, sermon, siphon, skeleton, summon, talon, treason, venison, wagon, wanton, weapon.<br><br>Lunch**eon**, truncheon, dungeon, pigeon, surgeon, chamel**eon**.<br><br>Alsati**an**, amphibian, cardigan, Christian, civilian, comedian, Dalmatian, historian, hooligan, Indonesian, magician, metropolitan, musician, ocean, optician, organ, orphan, partisan, pedestrian, pelican, republican, Roman, rowan, ruffian, slogan, suburban, tartan, toucan, turban, urban, utopian, vegetarian, veteran, woman.<br><br>Hurric**ane**.<br>Barg**ain**, captain, certain, fountain, mountain, porcelain, villain.<br><br>Aspir**in**, basin, bulletin, cabin, catkin, coffin, cousin, dolphin, gherkin, goblin, javelin, origin, paraffin, penguin, pumpkin, raisin, robin, satin, sequin, tarpaulin, urchin, vermin. |

| **-ence/-ance** | The <e> and <a> in these endings are **highly unpredictable**. |
|---|---|
| Abs**ence**, adolescence, circumference, commence, competence, conference, confidence, consequence, difference, essence, evidence, existence, experience, independence, indifference, influence, innocence, insolence, intelligence, interference, licence, occurrence, offence, presence, providence, reference, science, sentence, sequence, silence, violence, conscience, patience. | Abund**ance**, acceptance, accordance, alliance, allowance, ambulance, appearance, appliance, assurance, balance, distance, endurance, finance, fragrance, guidance, ignorance, importance, instance, insurance, maintenance, nuisance, performance, resistance, significance, substance, vengeance. |

| **-ent/ -ant** | The <–*ent*> ending is also quite often spelt <–*ant*> instead. |
|---|---|
| Abs**ent**, accident, advertisement, agent, allotment, amendment, ancient, apartment, apparent, armament, assessment, benevolent, cement, client, comment, compartment, competent, complement, compliment, component, confident, content, continent, convenient, convent, crescent, current, decent, department, dependent, detergent, development, different, displacement, document, efficient, effluent, element, embankment, employment, entertainment, environment, equipment, equivalent, evident, excellent, experiment, fluent, fragment, frequent, impertinent, impudent, incident, independent, ingredient, inherent, innocent, insolent, instalment, instrument, intelligent, investment, lenient, magnificent, management, moment, monument, obedient, ointment, opponent, ornament, parent, parliament, patent, pavement, payment, permanent, persistent, pertinent, present, president, prominent, punishment, recent, regiment, resentment, resident, segment, sentiment, serpent, settlement, silent, statement, student, subsequent, succulent, sufficient, supplement, talent, tangent, testament, torment, torrent, tournament, transparent, violent. | Applic**ant**, assistant, brilliant, covenant, defiant, descant, distant, elephant, extravagant, fragrant, gallant, giant, ignorant, important, infant, instant, jubilant, l*ieu*tenant, merchant, pageant, peasant, pheasant, pleasant, protestant, relevant, remnant, restaurant, sergeant, sextant, significant, truant, tyrant, vacant, valiant, warrant. |

| er /ur /ir /ear /or /our | The spellings of the *stressed* /er/ sound are highly unpredictable. |
|---|---|
| **Ber**th, fern, her, herb, herd, jerk, nerve, perch, serve, stern, swerve, term, verb, verge, verse, were.<br><br>*Longer words*:<br>Advertisement, alert, alternative, anniversary, assert, certain, commercial, concern, confer, conserve, conversion, deserve, dessert, detergent, determine, emerge, eternal, exert, expert, external, fertile, germinate, hermit, impertinent, insert, interpret, jersey, kernel, merchant, mercury, mercy, observe, perfect, perfume, permanent, permit, person, pertinent, preserve, refer, reserve, reverse, sermon, serpent, terminate, termite, thermal, transfer*, universal, university, verdict, vermin, version, versus, vertical. | Bl**ur**, burden, burglar, burgle, burly, burn, burr, burst, church, churn, curfew, curl, curlew, curse, curt, curve, disturb, excursion, fur, furnish, furry, further, gurgle, hurdle, hurl, hurt, hurtle, incursion, lurch, lurk, murder, murmur, nasturtium, nurse, nursery, occur, purchase, purple, purpose, purr, purse, return, slur, spur, spurn, spurt, sturdy, suburb, surf, surface, surge, surgeon, surgery, surname, surplus, survey, Thursday, topsy-turvy, turban, turbine, turf, turkey, turmoil, turn, turnip, turquoise, turtle, urban, urchin, urge, urn, yurt.<br><br>B**ir**ch, bird, birth, chirp, circle, circuit, circular, circumstances, circus, confirm, dirt, encircle, fir, firm, first, flirt, girder, girdle, girl, mirth, shirk, shirt, sir, skirmish, skirt, smirk, squirm, squirt, stir, swirl, third, thirst, thirteen, thirty, twirl, virtually, virtue, whirl, whirring.<br><br>**Ear**l, early, earn, earnest, earth, heard, learn, pearl, rehearse, search, yearn.<br><br>**Wor**d, work, world, worm, worse, worship, worst, worth.<br><br>Att**or**ney.<br><br>**Cour**tesy, journal, journey. |

**-er** /-or /-our /-ar /-ure /-re /-a  At least 332 words *end* with an unstressed <–*er*>, but 243 use different spellings. They all sound much the same in ordinary speech, but it helps to exaggerate the pronunciation of the alternative spellings when trying to learn them.

Aft**er**, alter, amber, amplifier, anger, angler, another, answer, antler, aster,
   baker, banister, barrier, barter, beaker, beater, beaver, better, bewilder, bitter, blister, boarder, bomber, border, bother, brewer, bricklayer, brother, buffer, builder, bumper, butter,
   camper, cancer, carpenter, cauliflower, cavalier, chamber, chandelier, chandler, chapter, character, charter, cinder, clamber, cleaner, clever, climber, cloister, clover, cluster, commander, commissioner, commuter, composer, computer, conifer, conker, consider, consumer, cooker, corner, counter, cover, crater, crier, cucumber, customer, cylinder,
   dancer, daughter, dealer, December, defender, deliver, designer, diameter, differ, digger, diner, dinner, disaster, discover, dreamer, driver, duster,
   eager, either, elder, employer, encounter, enter, ever, exchequer,
   falter, farmer, farther, father, feather, feeler, fender, fester, fighter, filter, finger, fishmonger, fitter, flicker, flipper, flower, former, frontier, further,
   gander, garter, gather, geyser, ginger, girder, glacier, glider, glitter,
   hairdresser, hamburger, hammer, hamper, hamster, hang-glider, heather, helicopter, helter-skelter, hinder, holder, holster, hover, hunger, hunter,
   inner, insider, intruder,

Act**or**, advisor, alligator, ambassador, ancestor, anchor, assessor, author, calculator, castor, conductor, conveyor, corridor, decorator, demonstrator, director, doctor, editor, elevator, emperor, equator, error, escalator, factor, gladiator, governor, indicator, interior, inventor, investors, junior, juror, legislators, liquor, major, manor, mayor, minor, mirror, monitor, motor, navigator, operator, orator, prior, professor, proprietor, radiator, razor, rector, refrigerator, respirator, rotor, scissors, senator, senior, sensors, solicitor, spectator, sponsor, successor, superior, supervisor, surveyor, survivor, tailor, tenor, terror, tractor, traitor, tutor, victor, visitor, warrior.

In UK English with *–our*, but with *–or* in US:
Arm**our**, behaviour, colour, favour, flavour, glamour, harbour, honour, humour, labour, neighbour, odour, parlour, rumour, saviour, savour, splendour, tumour.

*Continued on next page*

| | |
|---|---|
| invader, juggler, jumper, Jupiter, killer,<br>ladder, larder, later, lather, latter, laughter, lawyer, leader, leather, leper, letter, lighter, linger, listener, litter, lobster, lover, lower, lumber,<br>   maker, manner, manufacturer, master, matter, meander, member, miller, minister, monster, mother, murder, murderer, muster, neither, never, number,<br>offer, officer, older, order, other, outer, outrigger, over, owner,<br>   painter, pamper, pannier, panther, paper, partner, pepper, pester, peter, pewter, philosopher, photographer, pincer, plaster, player, plumber, ponder, porter, poster, potter, powder, power, prayer, prefer, premier, prisoner, producer, programmer, propeller, proper, prosper, quarter<br>   rafter, raider, rasher, rather, reader, recorder, refer, register, reindeer, remainder, remember, reporter, revolver, rider, river, robber, roller, rudder, ruler,<br>   salamander, saucer, scamper, scatter, screwdriver, September, shelter, shoulder, silver, sinister, sister, sitter, skewer, slender, slipper, slither, smother, sober, solder, soldier, spanner, speaker, speedometer, spider, spinnaker, spinster, splinter, sprinkler, steamer, sucker, suffer, summer, super, supper, surrender, swelter,<br>   tamper, tanker, taxpayer, teacher, temper, tender, tether, thermometer, thunder, tiger, timber, tinker, together, tower, trader, trailer, trainer, transfer, traveller, trawler, trigger, tuber,<br>   under, upper, utter, voter, waiter, walker, wander, water, weather, whether, whimper, whisker, whisper, winder, winter, wither, wonder, worker, writer,<br>   youngster. | Angul**ar**, burglar, caterpillar, cellar, circular, collar, dollar, familiar, grammar, jaguar, liar, linear, lunar, muscular, nectar, nuclear, particular, peculiar, pillar, polar, poplar, popular, regular, scholar, secular, similar, solar, spectacular, sugar, vicar, vulgar.<br><br>Ans**we**r,<br><br>chauff**eur**,<br><br>jod*h*p**ur**s,<br><br>mart**yr**.<br><br><br>*In UK English* only also:<br><br>cent**re**, fibre, ogre, sabre, theatre, kilomet*re*,<br><br>*metre* (measure of 100cm)<br>/*meter* (measuring device). |

*Continued on next page.*

| -er /-ure /-a | |
|---|---|
| Bad**ger**, danger, endanger, ginger, manager, manger, merger, passenger, stranger, teenager. | Conj**ure**, exposure, failure, figure, fissure, injure, leisure, measure, pleasure, treasure, pressure, procedure. |
| Bu**tch**er, catcher, pitcher. | Adven**ture**, agriculture, architecture, capture, caricature, creature, culture, departure, expenditure, feature, fracture, furniture, future, gesture, lecture, legislature, literature, manufacture, miniature, mixture, nature, picture, puncture, scripture, signature, structure, temperature, torture, venture, vulture. |
| | *In UK English* an unstressed <–**a**> ending is pronounced much like an <–*er*> one too:  Algebr**a**, antenna, area, arena, armada, asthma, banana, cafeteria, camera, capita, china, cinema, cobra, dahlia, data, dilemma, diploma, drama, era, extra, formula, gala, gondola, gorilla, gymkhana, hydrangea, hyena, idea, larva, lava, llama, malaria, militia, nebula, opera, orchestra, panda, panorama, peninsula, piazza, piranha, pizza, pneumonia, propaganda, pupa, quota, regatta, replica, soda, sofa, stigma, tarantula, tiara, tuba, tundra, umbrella, utopia, vanilla, veranda, via, villa, yoga, zebra.  Cheet**ah**. |

| F | Some words do *not* spell the F-sound with the letter *f*. |
|---|---|
| **F**antasy, felt, fish, foam, frame, after, before, certificate, coffee, comfort, chef, dwarf, | **Ph**antom, pharaoh, phase, pheasant, phenomenon, philosophy, p**h**ysics, p**h**ysiological, phone, photograph, phrase,  al**ph**abet, amphibian, asphyxiate, apostrophe, catastrophe, cellophane, decipher, dolphin, elephant, emphasise, nephew, orphan, pamphlet, prophet, sapphire, siphon, sophisticated, sphere, symphony, trophy, typhoon,  Jose**ph**, nymph, triumph. |
| if, of *x2*,  draft. | cli**ff**, sniff, stiff, whiff, o**ff**, c**ough**, trough, c**uff**, duff, gruff, puff, snuff, stuff, en**ough**, rough, slough*x2* [slou/sluf], tough, sta**ff**, gra**ph**, l**augh**, draught. |

| G | Some words have *extra letters after* <g> to show that it should be pronounced as in 'garden', not with the <j> sound, of *'gentle giant'*, but many others don't. |

| | |
|---|---|
| **Ge**ar, **ge**ese, **ge**t, **ge**yser, an**ge**r, ea**ge**r, fin**ge**r, hun**ge**r, lin**ge**r, ti**ge**r, hambur**ge**r, for**ge**t, tar**ge**t. | **Gh**erkin, spa**gh**etti. **Gu**ess, **gu**est, **gu**errillas. |
| **Gi**ddy, **gi**ggle, **gi**ld, **gi**lls, **gi**lt, **gi**rder, **gi**rdle, **gi**rl, **gi**ve, be**gi**n, cor**gi**, **gy**mkhana | **Gui**llotine, **gui**lt, **gui**nea-pig, **gui**tar, dis**gui**se, **gui**de, din**gh**y, **gu**y. |

In a few words <g> has extra letters before <a, o> and <u>, where it is usually hard (gap, got, gum), and at the end of words too.

| | |
|---|---|
| **Ga**rden, **ga**rland, **go**, **go**ld, **goo**se, | **Gha**stly, **gua**rantee, **gua**rd, **gho**st, **ghou**lish, yo**gu**rt /yo**gh**urt. |
| Do**g**, fo**g**, flo**g**, ago**g**... | Catal**ogue**, dial**ogue**, epil**ogue**, synag**ogue**. Coll**eague**, fati**gue**, lea**gue**. |
| Ra**ng**, Stu**ng**... | Mer**ingue**, t**ongue**. |
| | Pla**gue**, va**gue**, ro**gue**. – Here the <-*gue*> shows that the preceding vowels are long. |

| -ge/ -gi- | These are the main spelling for a /**j**/ **sound** *inside words and in endings,* with just the exceptions below. |

| | |
|---|---|
| A**ge**, en**gi**ne, ima**gi**ne, ma**gi**c, tra**gi**c... | Ad**je**ctive, in**je**ct, ob**je**ct, ob**je**ction, pro**je**ct, re**je**ct, sub**je**ct. Ma**je**sty, ma**je**stic. |
| Bagga**ge**, lugga**ge**, reven**ge**. | Spina**ch**, sandwi**ch**. *(UK pronunciation)* |

| H | The spelling of the /**h**/ **sound** has very few exceptions. |

| | |
|---|---|
| **Ho**of, **ho**op, **ho**ot, **ho**oligan. **Ho**le, **ho**ly, **ho**me. | **Wh**o, **wh**om, **wh**ose, **wh**ooping. **Wh**ole, **wh**olly. |

In many words, however, the **letter** <h> is **silent**. They are listed under the spellings which they accompany, such as | C | (sc*h*ool), | G | (g*h*astly), and | W | (w*h*en).

| I | The *main variant* spelling for the short / *i* / *sound* ('sit in it) is <y>, but the sound of <y> varies unpredictably (type – typical [tippical]). |
|---|---|
| Bit, citadel, little, misty, simple, sing, sister, | Abyss, crypt, crystal, cyclical, cygnet, cymbals, cyst, eucalyptus, gym, hymn, hypnotise, lynch, lynx, mystery, myth, Olympics, rhythm, syllable, symbol, symmetry, sympathy, symptom, synchronise, syndicate, syndrome, synthesis, system. |
|   | Build, built; English, pretty; sieve; vineyard. |
| missing, silly sinner, stirrup, tipper, dizzy, | The following words should really have a *doubled consonant* too: Chrysalis, cylinder, cynical, synagogue, synonym, syrup, lyric, tyranny. typical, physics. |
| Lizzy, slimming. | Busy. Women. |
|   | The following words spell an <u>unstressed</u> /i/ sound with <y>. The str<u>e</u>ssed vowel in them is underlined. An<u>a</u>lysis, b<u>i</u>cycle, chrys<u>a</u>nthemum, hyst<u>e</u>rical, pyj<u>a</u>mas, pl<u>a</u>typus, syn<u>o</u>psis, syr<u>i</u>nge. |

| In- | In a few words the common *prefix* < *in-* > is spelt <en->. Some people make an effort to pronounce the <en> spellings as /en/ rather than /in/, but in most people's normal speech they sound the same. |
|---|---|
| Inane, increase, incur, indulge, ingrain, injure, inlay, inquire intrude, invoke. | Enable, enamel, encamp, enchant, encircle, enclose, encounter, encourage, encrusted, endanger, endeavour, endure, engage, enforce, engrave, engulf, enjoy, enlarge, enlist, enquire, enrage, enrol, entangle, entertain, enthusiastic, entire, entitled, environment. |

| **I-e** /igh / i | Quite a few words do not use the main <*i-e*> pattern, as in 'mine' for the long /i/ sound in the stem of words. |
|---:|:---|
| I, | Eye, |
| hiatus, | hyacinth, |
| libel, | bible, |
| hide, | hydrangea, hydrogen, |
|  | eider-down, kaleidoscope, |
| bride, *bridal,* idol, | *bridle*, idle, |
|  | hyena, |
| strife, life, | stifle, trifle, hygrometer, |
| bike, like, | dyke, cycle, psychology, |
| file, mile, smile, | nylon, pylon, |
| stile, | style, asylum, |
| while, | child, mild, wild, whilst, island, |
| chime, crime, lime, mime, | climb, rhyme, |
| dine, | dynamic, dynamite, dynamo, |
| fine, line, | behind, bind, blind, find, grind, hind, |
| mine, nine, pine, | kind, mind, ninth, pint, rind, windx2, |
| wine, | resign, sign, |
| tripe, | type, cypress, disciple, hypothesis, |
| fire, hire, spire, tire, wire, | choir, tyre, tyrant, thyroid, |
| finalise, | paralyse, |
| bite, mite, rite, write, | bight, knight, night, might, right, |
|  | slight, sleight (of hand), |
| kite, quite, spite, | blight, bright, fight, flight, light, |
| site, cite, | sight, |
| trite, white, | tight, |
| ammonite, appetite, despite, | alight, delight, frighten, lightning, |
| excite, ignite, invite, item, | mighty, |
| polite, recite, satellite, termite, | height, fahrenheit, |
| unite, | indict, |
| writhe. | either, neither, *scy*the, python. |

**-ie /-igh/ -y** - Words with theses endings are listed under **Y** on p. 42,
as <**-y**> is the most frequent spelling for the long, stressed /i/ sound at the end of both short and long words: fly, try; deny, supply.

**J**  Before <a>, <o> and <u>, the /j/ *sound* is spelt <j>: **j**am, **j**ob, **j**ug.

When it is the *first sound before* <e, i > *or* <y>, its spelling is *irregular*:

| | |
|---|---|
| **Je**lly, jest, jet, jettison, jetty, jealous, jerk, jersey, jeans, jeep, jeer, Jew, jewel. | **Ge**m, general, generation, generous, genie, genius, gentle, genuine, geography, geranium, germ, gesture. |
| **Ji**ffy, jig, jigsaw, jilt, jingle. | **Gi**n, ginger, gipsy/ gypsy, giraffe, **gy**m, gyp. |
| Jive. | **Gi**ant, **gy**roscope. |

In the *middle* and at the *end* of words, the main spelling for a /j/ sound is -g- followed by <e> or <i> as shown on page 25.

**K**  The most common spellings for the /k/ sound are <c> and <ck> (cat, cot, cut, brick), as shown under C and Ck on pages 12 and 15.

<K> is used: 1) *before* <e> and <i> (*k*ept, *k*itten),
           2) *after* long vowels (see*k*, spea*k*) and
           3) *after consonants* (mi*l*k, mi*n*k, ma*r*k),
                         but with the following exceptions.

| | |
|---|---|
| Make, mistake, kettle, sketch, keep, conker | Ache, opaque. Chemical, orchestra, scheme. Conquer. |
| Key, Cheek, meek, seek | Quay, marquee, mosquito, Antique, boutique, technique, unique. |
| Gherkin, bikini, catkin. | Architect, bronchial, orchid. |
| Ankle, sparkle, dark. | Uncle, circle, monarch. |
| Brisk, frisk, dusk, kiosk | disc, mollusc, mosque, picturesque, grotesque. |

For < kn> spellings see N on p.29.
The /kw/ sound is spelt mainly qu (p.34) and the /ks/ sound x (p.42).

**L** This letter occurs in many tricky words (**all** /sh**aw**l /m**au**l; r**o**ll /c**oa**l /m**o**le), as shown under **Au** p.11, **O-e** p.30 and **Consonant Doubling** p.45.

The only **certain** <ll> spelling is in the *ending* <-ell>, *at the end* of both short and long words (te**ll**, forete**ll**) - unlike <full> and <fill>: beautifu*l*, fu*l*fi*l*. - But watch 'farewe**ll**' and 'we*l*come'.

**-le** A final /l/ sound *after several blended consonants* is spelt mostly <-le> (ankle, ample, angle) but not in the following:

| | |
|---|---|
| Kern**el**, kestrel, mongrel, morsel, parcel, scoundrel, satchel. | |
| Counsel, council.   Anv**il**, nostril, pencil, stencil, tonsil, utensil. | |

**M** The /m/ sound is spelt mainly with the letter <**m**>, but in a few words it is *accompanied by a **silent** <b> or <n>*.

| | |
|---|---|
| Jam, hem, him, from, plum, summer album, | La**mb**, da**mn**, conde**mn**, li**mb**, h**y**mn, bo**mb**, aplo**mb** cru**mb**, dumb, numb, plumb, thumb, succumb, plu**mb**er, autu**mn**, column, solemn, |
| room lime. | to**mb**, womb cli**mb**. |

**N** In 34 common words the /n/ sound is spelt with *more than* just <n>.

| | |
|---|---|
| Na g, navel, need, new, nip, nice, not, no, nut nor, nose. | **Kn**ack,   **gn**ash, gnat, knave, knead, knee, kneel, knew,   **pn**eumonia knit, knife, knight, knob, knobbly, knock, *knot*, know, knuckle. **Gn**aw, gnome. |
| Goblin, margi**n**. | Determi**ne**, discipline, famine, feminine, genuine, heroine, imagine, masculine, medicine, fore**ign**, sovereign. |
| O**n**. | Go**ne**, scone, shone, |

**O** The **short /o/** sound of 'hot spot' is *not* spelt with <o> mainly just *after* <w> and <qu>.

| | |
|---|---|
| Stomp | Swamp, swan, swap, |
| Hollow | swallow  waft, wand, wander, |
| wont | want, wanton, warrant, warren, warrior, |
| | was, wash, wasp, watch, watt, wattle, what. |
| jollity | Quality, quadrangle, quantity, quarantine, |
| | quarry, squabble, squad, squander, squash, squat. |
| off, sorrel, | Cough, trough; laurel, sausage |

**O-e** */oa /ow /o /oe/*  In everyday words of Anglo-Saxon origin the spelling of this sound is highly unpredictable.

| | |
|---|---|
| Robe, October, yodel. | Noble. |
| | Approach, cockroach, coach, poach. |
| | Brooch. |
| Code, rode, strode. Sofa. | Load, road, toad.  Oaf, loaf. |
| Broke, choke, joke, poke, smoke, spoke, stoke, stroke, woke. | Cloak, croak, oak, soak. |
| Dole, hole, mole, pole, polar, role, sole, stole, stolen, whole, holy, tadpole. | Coal, foal, goal, shoal. |
| | Knoll, poll, roll, scroll, stroll, toll, troll swollen, wholly. |
| | Control, enrol, patrol. |
| | Soul.  Bowl. |
| | Mould, moult, shoulder, smoulder. |
| | Bold, cold, fold, gold, hold, old, scold, sold, solder, soldier, told. |
| | Folk, yolk.  Holster. |
| | Bolt, colt, dolt, jolt, revolt. |
| Dome, home. | Foam, roam. |
| Alone, bone, bony, cone, drone, lone, phone, pony, stone, throne, tone, zone, | Groan, loan, moan, |
| | Blown, grown, known, mown, own, shown, sown, thrown, rowan. |
| | Only, sewn. |
| Cope, grope, hope, pope, rope, scope, slope, opal, open. | Soap. |
| Grocer, *close, dose*. | Gross. Boast, coast, roast, toast. |
| | Host, most, post, postal, poster. |
| | Boat, coat, float, gloat, goat, stoat, throat, oats. |
| Wrote, motel, notice, remote, total. | |
| Clothes. | Loathe. Oath. Both, sloth. Growth. |
| Cove, drove, clover, over, wove, alcove. | Mauve. |

| **O-e** /oa/ /ow/ /o/ /oe| Continued from previous page. | |
|---|---|
| Ar**o**se, ch**o**se, ch**o**sen, cl**o**sex2, h**o**se, n**o**se, p**o**se, r**o**se, primr**o**se, supp**o**se. D**o**ze, fr**o**ze, fr**o**zen, bulld**o**ze. | G**oe**s. C**oa**x. |

In more recently imported English words the long /o/ sound is spelt regularly, with an 'open' <**o**>, i.e. <o> followed by a single consonant and <e> (chr**o**me) or a single consonant and another vowel (s**o**da).

Ass**o**ciated, cr**o**chet, chr**o**me, com**m**otion, comp**o**nent, comp**o**se, casserole, devoted, diploma, dispose, elope, explode, expose, heroic, impose, Joseph, jovial, kim**o**no, local, located, lotion, mobile, mode, moment, motive, node, nomad, note, **o**boe, ocean, omen, oval, opp**o**se, opp**o**nent, poem, postpone, potion, proboscis, process, programme, promote, prop**o**sal, protest, quote, Roman, rover, slogan, sober, sociable, social, socialism, socialist, soda, solar, token, tromb**o**ne, ut**o**pia, vocal, vote, yodel, yoke, zodiac.

| **-oe** /-ow /-o | In endings the spelling of long /o/ sound is *highly irregular*. |
|---|---|
| Short words (of one syllable): Fr**o**, go, no, pro, so. | Bl**ow**, b**ow**x2, cr**ow**, fl**ow**, gl**ow**, gr**ow**, **k**now, low, mow, show, slow, snow, *s***ow**x2, stow, throw, tow. S**ew**. D**oe**, fl**oe**, f**oe**, h**oe**, r**oe**, sl**oe**, t**oe**, w**oe**. **Oh**. **Owe**. D**ough**, th**ough**. |
| Longer words: Ag**o**, albino, also, armadillo, banjo, bingo, buffalo, cargo, cello, disco, domino, duo, dynamo, echo, Eskimo, flamingo, halo, hello, hero, judo, kimono, motto, piano, piccolo, Pluto, polo, potato, pseudo, radio, ratio, solo, soprano, studio, tango, tobacco, tomato, tornado, torpedo, trio, video, volcano, zero. | Arr**ow**, barrow, bellow, below, billow, bungalow, burrow, elbow, fellow, follow, gallows, hollow, marrow, narrow, pillow, shadow, shallow, swallow, sorrow, sparrow, tomorrow, wallow, widow, willow, window, yellow. Coc**oa**. Ob**oe**. Phar**aoh**. Dep**ot**. |

| **Oi and -oy** | This sound has very few irregular spellings. |
|---|---|
| B**oi**l, coil, oil, soil, spoil, toil, ointment, avoid, | lo**y**al, loyalty, royal, oyster, voyage. |
| C**oy**, hoy, joy, ploy, toy, boy | B**uoy**. |

**OO (long)** The spelling of this sound within words is very irregular.

| | |
|---|---|
| | **Ru**by, jubilant. **Lu**bricate. |
| Br**ood**, food, mood, noodle, poodle. | Cr**ude**, rude, intrude, ludicrous, secluded. Shr**ewd**. |
| H**oo**f, proof, roof, spoof. | |
| | Fr**u**gal. |
| Sp**ook**, snooker. | Fl**uke**, glucose, lukewarm. T**ou**can. |
| C**ool**, fool, pool, sc**h**ool, spool, stool, tool, hooligan. | R**ule**, July, truly, Zulu. |
| Bl**oom**, boom, broom, doom, gloom, groom, loom, mushroom, room, zoom. | L**um**inous. T**omb**, womb. |
| B**oon**, moon, noon, soon, spoon, swoon, schooner, baboon, balloon, cartoon, cocoon, harpoon, lagoon, macaroon, maroon, pontoon, saloon. | J**une**, prune, lunar, lunatic. W**ou**nd. |
| Dr**oop**, hoop, loop, scoop, stoop, swoop, troop, whoop, | C**ou**pon, group, recoup, soup, tr**ou**pe. J**u**piter. |
| M**oor**, poor. | J**ur**y, plural, rural. T**ou**rist. |
| G**oose**, loose, noose, loosen. | Tr**uce**. Rec**luse**. |
| B**oost**. | Sl**uice**. Gr**ue**some. Ac**ous**tic. |
| B**oot**, hoot, loot, moot, root, scoot, scooter, shoot. | Br**ute**, (brutal), flute. Fr**uit**, recruit. B**out**ique, route. |
| Sm**ooth**, soothe, tooth. | Tr**uth**. Sl**euth**. Y**outh**. |
| Gr**oove**. | M**ove**, prove. Man**oeuv**re. J**uve**nile. |
| Ch**oose**. | L**ose**. Cr**uise**, bruise. |
| | Crucial, truant, fluent, fluid, ruin, bivouac. |

| -oo | Spellings for long <-oo> endings are also highly variable. |
|---|---|
| B**oo**, c**oo**, g**oo**, l**oo**, m**oo**, sh**oo**, w**oo**, z**oo**, | P**ooh**. |
| | B*lue*, c*lue*, f*lue*, g*lue*, r*ue*, tr*ue*, accr*ue*, constr*ue*. |
| bamb**oo**, cockat**oo**, hullabal**oo**, igl**oo**, kangar**oo**, shamp**oo**, tatt**oo**, vood**oo**, yah**oo**, | B*lew*, br*ew*, cr*ew*, dr*ew*, fl*ew*, gr*ew*, scr*ew*, shr*ew*, sl*ew*, str*ewn*, thr*ew*, thr*ough*. |
| | cash*ew*. Fl*u*, gn*u*, gur*u*. |
| T**oo**. | T*o* x2, d*o*, tw*o*, wh*o*, lass*o*. |
| | Y*ou*. Ch*oux*. Sh*oe*, can*oe*. |

| OO (short) | The spelling of this sound is completely unpredictable. All the different spellings used for it usually spell other sounds: g**oo**d (f**oo**d), sh**ou**ld (sh**ou**lder), f**u**ll (d**u**ll), w**o**lf (g**o**lf). |
|---|---|
| G**oo**d, h**oo**d, st**oo**d, w**oo**d. B**oo**k, br**oo**k, c**oo**k, h**oo**k, l**oo**k, r**oo**k, sh**oo**k, t**oo**k. | C**ou**ld, sh**ou**ld, w**ou**ld. C**u**ck**oo**. |
| W**oo**l. Wh**oo**sh. F**oo**t. | B**u**ll, f**u**ll, p**u**ll, b**u**llet, b**u**llion. B**u**sh, c**u**shion, p**u**sh, sh**u**sh. P**u**t, b**u**tcher, p**u**dding, p**u**ssy, s**u**gar. |
| | W**o**lf, w**o**man. C**ou**rier. |

| Or | Only a few words spell the stressed /or/ sound inside words unpredictably. |
|---|---|
| **Or**b, abs**or**b, s**or**bet. F**or**d, l**or**d. F**or**ce, div**or**ce. G**or**se, h**or**se. S**or**t, sn**or**t, sp**or**t, res**or**t. T**or**ment. | B**oar**d, h**oar**d. C**our**se, s**our**ce, res**our**ce. C**oar**se, h**oar**se. C**our**t. Qu**ar**t, qu**ar**ter, w**ar**t. T**our**nament. |

For stressed <-or> endings see next page.

**-or/ -ore** The spelling of the stressed <-**or**> ending (f**or**), is quite varied.

| | |
|---|---|
| B**ore**, ch**ore**, c**ore**, f**ore**, g**ore**, m**ore**, **ore**, p**ore**, sc**ore**, sh**ore**, sn**ore**, s**ore**, st**ore**, t**ore**, sw**ore**, w**ore**. | F**or**, n**or**, **or**. D**oor**, fl**oor**, m**oor**, p**oor**. W**ar**, w**ar**m, w**ar**n. F**our** (f**our**th, f**our**teen, f**or**ty), p**our**, t**our**, y**our**. **Oar**, b**oar**, r**oar**, s**oar**. |
| Ad**ore**, ash**ore**, bef**ore**, carniv**ore**, folkl**ore**, ign**ore**, impl**ore**. | Abh**or**. *In UK English* /-aw/ *has the same sound:* **Awe**, cl**aw**, dr**aw**, fl**aw**, gn**aw**, j**aw**, s**aw**, str**aw**, th**aw**, l**aw**, p**aw**, r**aw**. |

**Ou / -ow** The /**ou**/ sound is spelt mainly with <**ou**> *inside words* (loud) and <*ow*> at the end (how), but with some exceptions.

| | |
|---|---|
| L**ou**d, al**ou**d, cl**ou**d, pr**ou**d. | Cr**ow**d, p**ow**der. C**ow**ard. |
| B**ou**nd, count, found, ground, hound, mound, mount... | Br**ow**n, clown, crown, down, drown, frown, gown, town. |
| F**ou**l. | F**ow**l, growl, howl, owl, prowl, scowl, towel. |
| Fl**ou**r, devour, our, scour, sour. | Fl**ow**er, power, shower, tower. |
| Ar**ou**se, blouse, rouse, trousers. | Br**ow**se, drowse. |
| Br**ow**, cow, how, now, vow, wow, bowx2, rowx2, sowx2 allow, miaow. | B**ou**gh, plough, sloughx2. Th**ou**. |

**P** The /p/ sound is always spelt <p>, but the letter is *sometimes silent,* *as in:* **P**neumatic, *p*salm, *p*seudo-, *p*sycho-, *p*tarmigan, recei*p*t. or barely audible: Consum*p*tion, em*p*ty, exem*p*t, sum*p*tuous, tem*p*t.

**Qu** <Qu> is the usual spelling for the /**kw**/ sound (**qu**ick, question), but not in: ac**qu**aint, ac**qu**ire, ac**qu**it, ch**o**ir. Occasionally <qu> spells the /k/ sound too (mar*qu*ee). — See **K** page 28.

| R | Some words spell the /r/ sound with <wr> or <rh>. |
|---|---|
| Ran, | **Wr**angle, wrap, |
| **r**eckless, | **wr**eck, **wr**en, **wr**ench, **wr**estle, **wr**etch, |
| **r**eek, **r**each, | **wr**eak, **wr**eath, |
| **r**idden, **r**ing, | **wr**iggle, **wr**ing, **wr**inkle, **wr**ist, **wr**itten, |
| **r**ide, **r**ites, | **wr**ite, **wr**ithe, **wr**y, |
| **r**ob, **r**ot, | **wr**ong, **wr**ath *(with short /o/ sound in UK)*, |
| **r**ote, | **wr**ote, |
| **r**un, **r**ung... | **wr**ung. |
| **r**ip, **r**ipe, | **Rh**ythm, **rh**yme, **rh**inoceros, |
| **r**obot, | **rh**ododendron, |
| **r**oom, **r**uler... | **rh**ubarb, **rh**eumatism. |

**S-** Apart from spelling the /s/ sound, the letter <s> is also the main spelling for the /z/ sound (ri**s**e, de**s**erve), shown on p. 43 and 44.

An *initial* /s/ sound *before e, i, and y* is quite often spelt <c> instead.

| **Se**lf, select, | **Ce**lebrate, celery, |
|---|---|
| sell, | cell, cellar, cellophane |
| **se**mi, **se**minar | **cem**ent, cemetery |
| send, sent, | **cen**t, **scen**t, centigrade, central, centre, century, |
| **ser**ve, sermon, | **cer**tain, certificate, ceremony, |
| **sea**, seal, seam, | **cea**se, **ce**dar, cereal, |
| **see**, seed... | **cei**ling, **sce**ne, scenery. |
| **Si**ck, signal, | **Ci**gar, cigarette, **cy**gnet |
| sin, since, sing, | cinder, cinema, |
| sir, | circle, circuit, circular, circulate, |
| | circumference, circumstance, circus, |
| sister, system, sit, | cistern, citizen, citrus, city |
| s*i*eve. | civic, civil, civilian, civilisation, civilise, **sci**ssors. |
| **Si**de, sign, silent, | **Ci**der, cite, |
| size, site, si*gh*t... | **cy**cle, **sci**ence, **scy**the. |

Inside words and in endings the /s/ sound is spelt mostly with <c> - fen**c**e, de**c**ide, i**c**y. - See [C] p. 12.

[ss] is used in endings with a *stressed short vowel* (confe**ss**, ki**ss**, bo**ss**) and also *–less* and *–ness*, but not: gas, yes, this, us, bus, plus, thus. Some words use <ss> *after vowels which are **long** in standard UK English:* bra**ss**, cla**ss**, gla**ss**, pa**ss**, gro**ss**.

| Sh / ch /s | The main spelling for a /sh/ sound at the *beginning* and *very end* of words is <sh> (**sh**u**sh**, **sh**ip, ru**sh**), with the following exceptions: |

| | |
|---|---|
| **Sh**allow, **sh**ell, **sh**ip, **sh**oot, **sh**ush. | **Ch**alet, **ch**ampagne, **ch**andelier, **ch**arade, **ch**ef, **ch**ivalrous **ch**ute. |
| | **S**ugar, **s**ure (in**s**ure). |
| La**sh**, fini**sh** | Mousta**ch**e, avalan**ch**e, microfi**ch**e; liquori**ce**. |

In the *middle* of words the spelling of the /sh/ sound is highly ***irregular***.

| | |
|---|---|
| Bi**sh**op, | An**ci**ent, appre**ci**ate, effi**ci**ent, suffi**ci**ent, asso**ci**ated, spe**ci**es. |
| ca**sh**ew, | A**ss**ure, pre**ss**ure, i**ss**ue, ti**ss**ue. |
| mu**sh**room, | Cro**ch**et, ma**ch**ine, para**ch**ute. |
| u**sh**er, mar**sh**al. | Con**sci**ence, fa**sc**ism.    **Pati**ent. |

*Inside endings* a /sh/ sound is spelt mainly **-ti-** (igni**ti**on) and the variants <**-ci-**> (spe**ci**al) and <**-ssi**> (admi**ssi**on), as explained on page 38.


| -si-, -su- | These combinations are used for the relatively uncommon /zh/ sound (vi**si**on, expo**su**re). They have very few exceptions. |

| | | |
|---|---|---|
| A**si**a, Indone**si**a, inva**si**on, occa**si**on, deci**si**on, divi**si**on, preci**si**on, provi**si**on, supervi**si**on, vi**si**on (televi**si**on) | | Bour**ge**ois, |
| explo**si**on, conclu**si**on, confu**si**on, diffu**si**on, illu**si**on. Ca**su**al, u**su**al, expo**su**re, lei**su**re, mea**su**re, plea**su**re, trea**su**re. | | A**z**ure, fi**ss**ure. |

| T | In the stem of words and at the *end of short* words the /t/ **sound** is spelt <t> (**t**ot), except: **t**wo, **pt**erodactyl, deb**t**, doub**t**, sub**t**le. |

| -tch | This is used for the /ch/ sound *after short vowels* (sti**tch**, clu**tch**), but *not in*: ri**ch**, mu**ch**, su**ch**, tou**ch**, whi**ch**. |

| -te /-t | In longer words a final /t/ sound is often spelt <-te>. |
|---|---|
| | * This can cause reading problems: to advocate, an advocate [advoc*at*]. |

| Acrob**at**, comb**at**, democr**at** | Accur**ate**, adequate, affectionate, candidate, certificate, chocolate, climate, considerate, corporate, delicate, desperate, extortionate, fortunate, frigate, illiterate, immaculate, immediate, intermediate, intricate, laureate, legitimate, obstinate, palate, passionate, pirate, private, proportionate, senate, temperate, ultimate, vertebrate.<br><br>* *The following are all pronounced with /-ait/ endings as verbs* (to advoc*ate*) *and /-at/ as adjectives or nouns* (a separ*ate* advoc*ate*).<br>Advoc**ate**, alternate, appropriate, approximate, articulate, associate, coordinate, degenerate, delegate, deliberate, designate, desolate, dictate, duplicate, elaborate, estimate, graduate, intimate, laminate, moderate, separate, subordinate, syndicate, triplicate. |

| Band**it**, benefit, credit, culprit, deposit, edit, exhibit, explicit, habit, hermit, limit, merit, orbit, profit, prohibit, rabbit, spirit, summit, transit, visit, vomit. | Compos**ite**, definite, exquisite, favourite, granite, infinite, opposite.<br>Forf**eit**, surfeit.<br>Bisc**uit**, circuit. |

| Th | /**Th** / has two pronunciations (*t*his *t*hing), but both sounds are always spelt <***th***>. |
|---|---|

**-ti- /-ci-**  <-ti> is the main spelling for a /sh/ sound inside endings: (action, essential, lotion, nation), but with some exceptions.

**-tial /-cial**

| Circumstantial, confidential, consequential, credential, differential, essential, existential, influential, potential, penitential, preferential, presidential, residential, reverential, sequential, substantial, torrential | financial, commercial, controversial. |
|---|---|
| Palatial, spatial. | Facial, glacial, racial, social, crucial. |
| Initial | Artificial, beneficial, judicial, official, sacrificial, superficial.   Special. |

**-tion /-ssion /-sion**  *After long* <a, o> *and* <u> (nation, notion, solution), there is just one exception: **ocean**.
*After short vowels and consonants* the spellings are less predictable.

| Ration. Ambition, ammunition, competition, composition, condition, definition, edition, exhibition, expedition, intuition, opposition, position, proposition, recognition, repetition, tradition, transition, tuition. | Fashion, passion. Admission, commission, emission, mission, permission, transmission, fission.   Suspicion. Discussion, percussion. Cushion. |
|---|---|
| Comprehension, condescension, dimension, expansion, extension, mansion, pension, suspension, tension. | Attention, convention, detention, intention, intervention, invention, mention, prevention. |
| Aspersion, conversion, dispersion, diversion, immersion, inversion, subversion, version, excursion, incursion. | Coercion. Portion, proportion, extortion. |

**-tious / -cious**

| Ambitious, fictitious, nutritious, propitious, superstitious, surreptitious. | Precious. Auspicious, avaricious, delicious, judicious, malicious, officious, pernicious, suspicious, vicious. |
|---|---|
| Facetious.   Cautious. | Pugnacious, vivacious, audacious, rapacious, spacious, tenacious, voracious. Atrocious, ferocious, precocious. |
| Conscientious, contentious, licentious, pretentious. | Conscious, luscious. Anxious. |

| U | The spelling of the ***short /u/ sound*** is tricky when occurring *next to* **<m>**, **<n>** and **<v>**, where it is often spelt **<o>** or **<o-e>** (Monday, love).

\* Some words, such as '*money*' and '*honey*' should really have a doubled consonant as well, as in '*funny, bunny*'.

| | |
|---|---|
| M**u**m, mummy, mug, mug, mumps, must. | M**o**nday, money\*, monger, mongrel, monk, monkey, month, mother, smother, brother, other. |
| Ch**u**m, drum, glum, hum, sum. Clump, dump, hump, jump, lump, scrum, strum, stump. | C**o**me, some. C**o**mfort, company, compass, pommel, stomach\*. |
| N**u**t, snug. F**u**n, gun, nun, run, spun, stun, sun. | N**o**thing. N**ou**rish\*, en**o**ugh. D**o**ne, none, one. S**o**n, ton. |
| B**u**ng, flung, hung, lung, rung, sprung, strung, stung, sung. B**u**nk, drunk, junk sunk. Bl**u**nt, grunt, hunt, stunt. Bunny, funny. | Am**o**ng, tong**u**e, sponge. Y**ou**ng. Fr**o**nt. C**o**untry. H**o**ney\*, **o**nion\*. Ab**ove**, cover\*, covet\*, covey\*, covenant\*, dove, glove, govern\*, love, oven\*, shove, shovel\*, slovenly. |
| Buzzer. Sw**u**m, swung. | C**ou**sin, d**o**zen. W**o**n, w**o**nder, w**o**rry. **O**nce. |

Other words with tricky short /u/ spellings (n*ot next* to **<m, n>** or **<v>**):

| | |
|---|---|
| Bud, mud, thud. | Bl**oo**d, flood. |
| C**u**lprit, culture. Dusk, dust. | C**o**lour\*, d**o**zen\*, d**o**es. |
| | Hicc**ou**gh [hickup], southern. |
| Much, such. | Touch. |
| Bu**bb**le, rubble, stubble, | Dou**b**le\*, trouble\*. |
| Blu**ff**, cuff, gruff, puff, stuff. | Rou**gh**, slough, tough. |
| Su**pp**le. | Cou**p**le\*. |
| C**u**rrent, hurry, scurry, turret. | C**ou**rage\*, th**o**rough\*.    Cousin\*. |

| U-e | The <u – consonant –vowel> spelling (tube, tuba) also has some exceptions. |

| | |
|---|---|
| **Uni**form, **u**nion, **u**nique, **u**nite, **u**niversal, **u**niverse, **u**niversity, **u**ranium, **U**ranus, **u**se x2, **u**tensil, **u**tility, **u**topia, **u**topian. | **Eu**calyptus. **Ewe**, **ew**er. **Yew**. **You**, **you**th. |
| Ass**u**age, d**u**al, f**u**el. | S**ew**age, st**ew**ard, j**ew**el. |
| N**u**de, st**u**dent. C**u**cumber, d**u**ke. | F**eu**d, f**eu**dal, ps**eu**do. L**ew**d. N**u**clear. |
| Ass**u**me, cons**u**me, f**u**me, h**u**mid, n**u**meral, n**u**merous, pres**u**me, res**u**me. | Pn**eu**matic, rh**eu**matism. |
| C**u**te, d**u**ty, m**u**te, comm**u**te, comp**u**te, constit**u**tion, dil**u**te, disp**u**te, exec**u**tion, min**u**te x2, m**u**tiny, m**u**tual, sal**u**te, t**u**tor. Introd**uce**, prod**uce**, red**uce**, ab**u**se x2, acc**u**se, am**u**se, conf**u**se, exc**u**se x2, m**use**, m**u**sic, ref**u**se x2. | B**eau**ty. N**eu**tral. N**ew**t, p**ew**ter. S**ui**table, s**ui**tcase. J**ui**ce, n**ui**sance, s**ui**cide. T**ue**sday. |

| -ue / -ew | The spelling of the <–*ue*> / <-*ew*> endings is very unpredictable. |

| | |
|---|---|
| | C**ue**, |
| | Qu**eue**. |
| d**ue**, s**ue**. | Ch**ew**, d**ew**, f**ew**, J**ew**, kn**ew**, n**ew**, p**ew**, sp**ew**, st**ew**. |
| | Vi**ew**, intervi**ew**, revi**ew**. |
| Arg**ue**, aven**ue**, barbec**ue**, contin**ue**, imb**ue**, iss**ue**, purs**ue**, resc**ue**, reven**ue**, stat**ue**, subd**ue**, tiss**ue**, val**ue**, deval**ue**, ven**ue**, virt**ue**. | Ask**ew**, curf**ew**, curl**ew**, mild**ew**, neph**ew**. Em**u**, men**u**. |

| **V / -ve** | The spelling of the ***V-sound*** is regular but exceptional: |
|---|---|

1) < V > is doubled only in a few modern words (bevvy, chivvy). This makes it impossible to tell whether *the vowel before it* is short (s**e**ven) or long (**e**ven).

2) A final <–v> is nearly always accompanied by <–e>, irrespective of preceding vowel length, except in a few newer words (spiv). This is also unhelpful for children learning to read: h**a**ve/g**a**ve, g**i**ve/dr**i**ve.

3) It has already been mentioned that a short /u/ sound tends to be spelt <o> when occurring *next to* <m>, <n> and <v>* . This also helps to make words with <v> trickier to read (over l**o**ver).

*The spelling of <o> for short <u>, as in 'month', was introduced before the invention of printing and before the *letter* <v> was added to the English alphabet. Until then <u> was used for spelling both the /u/ and /v/ sounds.

In handwritten texts reading several short, straight strokes next to each other, as in `luue` [love] could be difficult. For this reason early scribes often spelt short /u/ as <o>.


| **W** | The spelling of the /w/ sound *as a consonant* has the following exceptions: |
|---|---|
| **Wa**g, wax, war, warm, wart, was. **Wa**ke, waste, wave, *way*. **Wa**res, wary, wear. | **Wh**ack, wharf, what, Whale, *whey*. Where. |
| **We**nt, west, weather, weld, wet, wealth. | When, whether, whelk, overwhelm. |
| **Wee**d, week, weak, weep, we. | Wheedle, wheel, wheeze. |
| **Wi**n, wind x2, wing, wit, with, wicked, wicket, willow. | Whiff, whimper, whip, whirl, whirring, whisk, whiskers, whisky, whisper, which, whistle, whiz. |
| **Wi**de, wife, wile, wine. | While, whine, white, whi*l*st, why. Whoosh. |

The letter <w> can also cause reading difficulties because it can be *silent* (**w**hole, **w**ring, **s**word) and have *unpredictable effects on* the *vowels before and after it* (h**ow**/l**ow**), (sw**a**n/sw**a**m), as already shown under H, O, O-e, Ou, Or and R.

**X** The letter **x** is the main spelling for the **KS-sound** (e.g. *exit, tax, taxi*), with the following exceptions:

| Axe, fax, execute, flux, exit. | Accent, accept, access, accelerate, accident. Eccentric. Success, succeed, succinct. Excellent, except, excess, exceed, excite. Exhibition. |
|---|---|

It is also used for the /**gz**/ sound:

| Anxiety, exact, exaggerate, examine, example, exasperate, exert, exist, exhaust. |
|---|

**Y** A few dozen words use the letter y as an initial consonant.

| Yacht, yahoo, yak, yap, yard, yarn, yawn, yeah, yearn, yeast, yell, yellow, yelp, yes, yesterday, yet, yeti, yield, yodel, yoga, yoghurt, yoke, yolk, young, your, yurt. Yew, you, youth, *but 'use, unit'* – See p.40. |
|---|

<Y> is sometimes also used for spelling for both the *short and long* /i/ *sounds* (**typ**ical/ t**y**pe). - (As shown on pages 26 and 27).

**-y** The main use of <-y> is for spelling the *unstressed* /ee/ sound in the *endings of longer words* (funn**y**, bab**y**, jell**y**, gent**ly**), except in:

| Shabby, daddy, pally, jolly, only, bully, flunky, funky, hanky, whisky, accompany, balcony, ceremony, destiny, funny, glory, story, cosy, rosy... | Abbey. Budgie, caddie, Alley, valley, trolley, volley, holey, medley, parsley, pulley. Collie, wheelie. Cookie. Donkey, hockey, jockey, key, monkey, turkey, whiskey *(US)*. Attorney, chimney, chutney, cockney, honey, journey, kidney, money. Brownie, genie. Storey. Eerie, prairie. Jersey, bogey, covey. Movie, pixie. |
|---|---|

<-y> is also the most frequent spelling for a final /-ie/ sound.

| | By | Bye, buy. Guy. |
|---|---|---|
| | Cry, dry, fly, fry, my, ply, pry, shy, sky, sly, spy, sty, thy, try, why, wry. Ally, apply, deny, supply, magnify. | Die, lie, pie, tie, vie. Dye, rye. High, nigh, sigh, thigh. |

| Z | Not many English words *start* with a /z/ sound. |

Zany, zap, zeal, zebra, zenith, zero, zest, zigzag, zinc, zip, zither, zodiac, zone, zoo, zoom, Zulu and *xylophone.*

*In the middle* of words the /z/ sound is spelt mainly <s> and *a vowel* (na**s**al, de**s**erve, de**s**ire, re**s**ort, re**s**ult), apart from:

| | |
|---|---|
| After a *short* stressed vowel: | Hazard. |
| D**es**ert *x2*, designate, desolate, hesitate, presence, present, president, reservoir, residence, pe**a**sant, *ph*e**a**sant, ple**a**sant. | |
| Ch**i**sel, m**i**serable, pr**i**son, r**i**sen, v**i**sible, v**i**sit, exqu**i**site, ph**y**sical, b**u**sy. | D**i**zzy, bli**zz**ard. L**i**zard, w**i**zard, w**i**zened. |
| Cl**o**set, dep**o**sit, p**o**sitive. | L**o**zenge. |
| C**ou**sin. | Bu**zz**ard. D**o**zen. |
| After a *long* stressed vowel: | |
| N**a**sal, da*i*sy, ra*i*sin. | Bl**a**zer, br**a**zen, h**a**zel. |
| Diesel. | |
| **Ea**sel, easy, reason, treason, weasel. | Tw**ee**zers. |
| G**ey**ser. | |
| M**i**ser. | Hor**i**zon. |
| J**o**se*ph*, proposal. P**oi**son. Th**ou**sand. F**u**selage, museum, music. | |
| With *unstressed* vowel before /z/ sound: | Ba**z**aar, ga**z**elle, maga**z**ine. |
| De**s**erve, design, desire, presentation, preserve, presumably, resemble, resentment, reserve, reservoir, resign, resolution, resolve, resort, result, resume. | |
| Acqui**s**ition, episode, partisan, realisation, chrysanthemum, physiological. | |
| Mo**s**aic, opposite, position, proposition, rosette. | |

| Z | *continued on next page* |

In word *endings* a /z/ sound is spelt mainly <se>, but with quite a few exceptions too.

| | |
|---|---|
| Ph**ase**, phr**ase**.  Pr**aise**, r**aise**. | Bla**ze**, cra**ze**, cra**zy**, ga**ze**, gra**ze**, ha**ze**, la**ze**, la**zy**, ma**ze**, ama**ze**, ra**ze**, (ra**z**or). |
| Bec**ause**, c**ause**, p**ause**. | |
| Ch**eese**.  Dis**ease**, **ease**, pl**ease**.  Chin**ese**, Japan**ese**. | Br**eeze**, fr**eeze**, sn**eeze**, squ**eeze**, wh**eeze**. Trap**eze**.  S**eize**. |
| R**ise**, w**ise**, adv**ise**, comprom**ise**, dev**ise**, enterpr**ise**, exerc**ise**, likew**ise**, otherw**ise**, rev**ise**.  In **UK:** Adver**tise**, agon**ise**, apolog**ise**, author**ise**, bap**tise**, character**ise**, civil**ise**, computer**ise**, emphas**ise**, fertil**ise**, hypnot**ise**, idol**ise**, memor**ise**, merchand**ise**, organ**ise**, real**ise**, recogn**ise**, steril**ise**, synchron**ise**, tantal**ise**. | Pri**ze**, si**ze**, capsi**ze**.  In **US:** Adver**tize**, agonize, apologize, authorize, baptize, characterize, civilize, computerize, emphasize, fertilize, hypnotize, idolize, memorize, merchandize, organize, realize, recognize, sterilize, synchronize, tantalize. |
| Ch**ose**, ch**ose**n, clo**se**x2, comp**ose**, h**ose**, n**ose**, p**ose**, op**pose**, prop**ose**, r**ose**. C**osy**, r**osy**.  N**oise**,  p**oise**.  Ch**oose**. L**ose**, wh**ose**. U**se**x2, abu**se**x2, excu**se**x2, fu**se**, confu**se**.  Ar**ouse**, hou**se**x2. Br**owse**.  Clea**nse**. | D**oze**, fr**oze**, (fr**oze**n), bulld**oze**.  O**oze**, b**ooze**.  Bron**ze**,  chimpan**zee**. |

# CONSONANT DOUBLING

*Short words* double their final consonants when they acquire a suffix which starts with a vowel (thin + ed = thi**nn**ed / + er = thi**nn**er / + ing = thi**nn**ing), supposedly for keeping the preceding vowel short (di**nn**er) rather than long (di**n**ed, diner, dining). *But not all longer root words* obey this rule:

**372** double the consonant after a short, stressed vowel (me**ll**ow, ba**ll**ad),
**384** don't double (melon, salad)
    and
**158** have doubled consonants, but *not after the short, stressed vowel* (caterpi*ll*ar, sate*ll*ite)

The words with surplus and missing doubled letters both undermine the principle of using doubled consonants for showing that the *main vowel in a word is short, rather than long* (latter - later). Their unreliable usage causes more misspellings than any other English spelling difficulty.

The following tables list the words *in alphabetic order of consonants* and *preceding vowels* (i.e. aff, eff, iff, off, uff).

| With regular doubling after a short, stressed vowel | Without doubling after the short, stressed vowel | With **unnecessary** doublings |
|---|---|---|
| **Abb**ey, cabbage, jabber, rabbit, Sabbath, shabby, <br><br> ri**bb**on, ho**bb**y, lobby, chu**bb**y, rubber, rubbish, stubborn, stubby. | **Cab**inet, cabaret, cabin, elaborate, fabulous, habit, nebula, treble, liberal, liberty, tribute, probable, robin. | (These are not after short vowels. - The **stressed** vowels are shown in **bold**.) <br><br> A**bb**reviate. |
| Bra**ck**en, bracket, jacket, packet, package, racket, <br><br> re**ck**on, <br><br><br><br> bi**ck**er, chicken, cricket, flicker, rickety, sticky, ticket, wicked, wicker, wicket, | *Not with <ck>:* <br> a**cc**urate, tobacco, la**cq**uer, va**c**uum, decade, executive, recognise, record *n*, second, secular, **ech**o, mechanism, che**q**uered, li**qu**or, liquorice, pi**cc**olo, | A**cc**ommodate, accommodation, accompany, accomplish, accord, accordion, account, accumulate, accuse, accustom, |

*Continued on the next six pages*

| With regular doubling after a short, stressed vowel | Without doubling after the short, stressed vowel | With **unnecessary** doublings |
|---|---|---|
| co**ck**erel, cro**ck**ery, ho**ck**ey, jo**ck**ey, lo**ck**et, po**ck**et, ro**ck**et, ro**ck**y, so**ck**et, sto**ck**ing, bu**ck**et, su**ck**er, *cu**ck**oo*. | *Not with <ck>:* cro**c**odile, do**c**uments, o**cc**upy, su**cc**ulent. | o**cc**asion, o**cc**upation, o**cc**urrence, su**cc**umb. |
| A**dd**er, ca**dd**ie, ca**dd**y, da**dd**y, la**dd**er, e**dd**y, te**dd**y, we**dd**ing, gi**dd**y, hi**dd**en, ri**dd**en, sho**dd**y, so**dd**en, ru**dd**er, shu**dd**er, su**dd**en, p**udd**ing. | A**c**ademy, a**d**equate, ra**d**ical, ra**d**ish, cre**d**it, de**d**icated, e**d**ible, e**d**it, e**d**ucate, fe**d**eral, me**d**ical, pe**d**al, pe**d**igree, *mea**d**ow, rea**d**y, alrea**d**y, stea**d**y*, hi**d**eous, vi**d**eo, bo**d**y, mo**d**ern, mo**d**est, pro**d**uce *n*, stu**d**y. | *(n = noun)* |
| Da**ff**odil, sca**ff**old, tra**ff**ic, e**ff**igy, e**ff**ort, di**ff**erent, di**ff**icult, ji**ff**y, co**ff**ee, co**ff**in, o**ff**er, o**ff**ice, bu**ff**alo, bu**ff**er, bu**ff**et, chu**ff**ed, ru**ff**ian, su**ff**er, su**ff**ocate. | Ca**f**é, re**f**uge, re**f**use *n*, hei**f**er, magni**f**icent, signi**f**icant, pro**f**it. | A**ff**air, a**ff**ect, a**ff**ection, a**ff**ord, para**ff**in, e**ff**ect, e**ff**icient, di**ff**erential, di**ff**usion, o**ff**end, o**ff**icial, su**ff**icient, chau**ff**eur |
| Ba**gg**age, ja**gg**ed, ma**gg**ot, scra**gg**y, sta**gg**er, swa**gg**er, be**gg**ar, sni**gg**er, tri**gg**er, so**gg**y, lu**gg**age, nu**gg**et, ru**gg**ed. Ba**dg**er, fle**dg**ling, mi**dg**et, do**dg**ems, do**dg**y, po**dg**y, bu**dg**ie, bu**dg**et, dru**dg**ery. | A**g**ony, dra**g**on, fla**g**on, hexa**g**onal, ne**g**ative, bri**g**and, fri**g**ate. Exa**gg**erate, le**g**end, le**g**islate, re**g**iment, re**g**ister, ve**g**etable, di**g**it, pi**g**eon, re**l**igion, ri**g**id, lo**g**ic. | A**gg**ressive. Su**gg**est (Can be [sujgest] in US.) |

| | | |
|---|---|---|
| **All**ey, alligator, ally, ballast, ballet, ballot, challenge, gallant, gallery, gallon, gallop, gallows, mallet, rally, shallow, stallion, valley, | Ana**l**ysis, balance, calendar, chalet, galaxy, italic, morality, palace, palate, palette, reality, salad, salary, salon, talent, talon, valentine, valiant, valid, value, vitality, | *L*l*ama, para*ll*el, batt*a*lion, |
| be**ll**ow, belly, cellar, cello, cellophane, fellow, intelligent, jelly, mellow, pellet, rebellion, sellotape, trellis, umbrella, yellow, | ce**l**ery, delegate, delicacy, deluge, develop, element, eligible, helicopter, *jealous,* melody, melon, pelican, relevant, relic, skeleton, telescope, *zealous,* | exce*ll*ent, he*ll*o, jewe*ll*ery, marve*ll*ous, sate*ll*ite, conste*ll*ation, |
| armad**ill**o, artillery, billiard, billion, billow, billy, brilliant, frilly, gorilla, guerrillas, guillotine, illustrate, milligrams, million, pillar, pillow, silly, *syllable,* vanilla, villa, village, villain, | ab**i**lity, bilious, military, ventriloquist,<br><br><br><br>cylinder, | caterpi*ll*ar, i*ll*egible, i*ll*iterate, i*ll*usion, i*ll*ustration, i*ll*uminate, pasti*ll*e, tonsi*ll*itis, |
| c**oll**ar, colleague, collie, colliery, dollar, follow, hollow, holly, jolly, lollipop, lolly, mollusc, pollen, pollinate, trolley, volley, college, swallow, wallaby, wallet, wallop, wallow, lullaby, sullen, b*u*llet, b*u*lletin, b*u*llion, b*u*llock, b*u*lly, p*u*lley, p*u*llover. | ab**o**lish, colony, column, demolish, holiday, olive, policy, politics, polythene, sole*m*n, solid, tolerate, volume, voluntary, *knowledge,*<br><br>qu*a*lity, *colour.* | co*ll*age, co*ll*apse, co*ll*ect, co*ll*ide,<br><br>With long instead of short <o>: contro*ll*ed, ro*ll*er, swo*ll*en. |

*Continued on the next four pages.*

| With regular doubling | Without doubling | Needless doublings |
|---|---|---|
| **Amm**onite, cl**amm**y, h**amm**er, infl**amm**able, m**amm**al, m**amm**oth, st**amm**er, dil**emm**a, | **Am**ateur, c**am**el, c**am**era, d**am**age, dyn**am**ic, en**am**el, f**am**ished, l**am**inate, | A**mm**unition, progra**mm**e, i**mm**ediate, i**mm**ense, i**mm**ortal, i**mm**une, co**mm**and, co**mm**emorate, co**mm**ence, co**mm**ercial, co**mm**it, co**mm**odities, co**mm**otion, co**mm**unication, co**mm**union, co**mm**unity, co**mm**uter, co**mm**ittee, reco**mm**end. |
| gl**imm**er, s**imm**er, sy**mm**etry, co**mm**ent, co**mm**entary, co**mm**erce, co**mm**on, co**mm**unism, co**mm**unist, d**umm**y, m**umm**y, ru**mm**age, su**mm**ary, su**mm**er, su**mm**it, su**mm**on, tu**mm**y. | c**em**etery, ch**em**ical, d**em**ocrat, **em**erald, epid**em**ic, m**em**ory, r**em**edy, l**em**on, f**em**inine, pr**em**ise, s**em**i, cr**im**inal, el**im**inate, **im**age, l**im**it, t**im**id, w**om**en ab**om**inable, c**om**et, c**om**ic, d**om**inate, d**om**ino, ec**on**omic, pr**om**inent, pr**om**ise, v**om**it, st**om**ach, plu**m**ber. | |
| **Ann**ual, b**ann**er, c**ann**ot, gr**ann**y, m**ann**er, n**ann**y, p**ann**ier, sav**ann**ah, sp**ann**er, unc**ann**y, ant**enn**a, p**enn**ant, t**enn**is, p**enn**y, d**inn**er, **inn**er, **inn**ocence, **inn**ocent, sp**inn**aker, b**onn**et, s**onn**et, b**unn**y. | **An**imal, **an**orak, b**an**ish, b**an**ister, c**an**opy, m**an**age, m**an**or, m**an**ual, **or**ganic, p**an**el, p**an**ic, sp**an**iel, v**an**ish, **an**y, b**en**efit, **en**emy, **en**ergy, m**en**ace, m**an**y, p**en**etrate, v**en**ison, li**eu**tenant, alum**in**ium, cl**in**ical, cont**in**ue, f**in**ish, l**in**ear, m**in**imal, m**in**ister, op**in**ion, s**in**ister, sp**in**ach, v**in**egar, c**in**ema, c**yn**ical, syn**ag**ogue, syn**on**ym, m**in**utex2, ast**on**ish, c**on**ifer, ec**on**omy, electr**on**ic, m**on**astery, m**on**arch, m**on**ument, supers**on**ic, t**on**ic, h**on**ey, m**on**ey, **on**ion. | A**nn**iversary, a**nn**ounce, a**nn**oy, co**nn**ect, perso**nn**el, mayo**nn**aise, questio**nn**aire. |

| | | |
|---|---|---|
| A**pp**etite, ha**pp**en, ha**pp**y, na**pp**y, p**epp**er, | Ca**p**ital, ca**p**itol, ca**p**ita, ra**p**id, ta**p**estry, e**p**ic, *jeo**p**ardy,* le**p**er, *leo**p**ard,* se**p**arate, te**p**id, *wea**p**on.* | A**pp**al, a**pp**aratus, a**pp**arent, a**pp**eal, a**pp**ear, a**pp**endix, a**pp**laud, a**pp**l*y*, a**pp**oint, a**pp**reciate, a**pp**rentice, a**pp**roach, a**pp**ropriate, a**pp**rove, a**pp**roximate, hi**pp**opotamus, o**pp**ortunity, o**pp**ose, su**pp**ose, su**pp**ly, su**pp**ort. |
| fli**pp**er, ki**pp**er, ski**pp**er, sli**pp**er, co**pp**er, co**pp**ice, o**pp**osite, po**pp**y, slo**pp**y, pu**pp**et, pu**pp**y, su**pp**er, u**pp**er. | co**p**y, o**p**era, o**p**erate, po**p**ular, pro**p**er, pro**p**erty, to**p**ic, tro**p**ics. | |
| A**rr**ow, ba**rr**en, ba**rr**ier, ba**rr**ister, ba**rr**ow, ca**rr**ot, ca**rr**y, ga**rr**et, ma**rr**ow, ma**rr**y, na**rr**ative, na**rr**ow, pa**rr**ot, spa**rr**ow, | A**r**ab, a**r**able, a**r**id, aspa**r**agus, ba**r**on, ca**r**amel, ca**r**avan, ca**r**icature, ca**r**ol, cha**r**iot, cha**r**ity, cla**r**ity, compa**r**ison, ga**r**age, pa**r**asol, pa**r**ish, transpa**r**ent, | A**rr**ange, a**rr**a*y*, a**rr**est, a**rr**ive, ba**rr**icade, |
| me**rr**y, she**rr**y, te**rr**ace, te**rr**ible, te**rr**itory, te**rr**or, | Ame**r**ica, be**r**et, bu**r**y, ce**r**emony, che**r**ish, de**r**elict, he**r**ald, he**r**itage, he**r**oine, he**r**on, me**r**it, pe**r**il, pe**r**ish, since**r**ity, ste**r**ilise, the**r**apist, ve**r**y, | e**rr**atic, inte**rr**upt, se**rr**ated, te**rr**ific, |
| i**rr**itable, mi**rr**or, squi**rr**el, sti**rr**up, | conspi**r**acy, empi**r**ical, mi**r**acle, spi**r**it, ly**r**ic, sy**r**up, ty**r**anny, | i**rr**egular, i**rr**igation, |
| bo**rr**ow, co**rr**idor, ho**rr**ible, lo**rr**y, po**rr**idge, qua**rr**y, so**rr**ow, so**rr**y, tomo**rr**ow, to**rr**ent, wa**rr**ant, wa**rr**en, | autho**r**ity, co**r**al, flo**r**ist, fo**r**est, histo**r**ic, lau**r**el, ho**r**oscope, majo**r**ity, mino**r**ity, mo**r**al, o**r**ange, p**r**io**r**ity, qua**r**antine, cou**r**age, nou**r**ish, | to**rr**ential, co**rr**espond, co**rr**ect, co**rr**elation, |
| bu**rr**ow, cu**rr**ent, fu**rr**owed, *fu**rr**y,* hu**rr**icane, hu**rr**y, scu**rr**y, tu**rr**et, wo**rr**y. | tho**r**ough. | cu**rr**iculum, su**rr**ender, su**rr**ound, hu**rr**ah. |

*Continued on two more pages.*

|  |  | **Not** with <ss> | As**s**ail, |
|---|---|---|---|
| | Amba**ss**ador, ca**ss**erole, cla**ss**ic, ma**ss**acre, ma**ss**ive, pa**ss**age, pa**ss**enger, delicat**ess**en, e**ss**ay, e**ss**ence, le**ss**on, me**ss**age, nece**ss**ity, profe**ss**or, mi**ss**ile, narci**ss**us, ri**ss**ole,<br><br>blo**ss**om, colo**ss**al, fo**ss**il, go**ss**ip, po**ss**ible. | A**c**id, capa**c**ity, pa**c**ifist, gla**c**ier - [glassier] in UK, fa**sc**inate,<br><br>de**c**imal, pre**c**ipice, ne**c**essary, re**c**ipe, spe**c**ify, spe**c**imen, adole**sc**ent, convale**sc**ent, cre**sc**ent, dis**c**ipline, chry**s**alis, electri**c**ity, explicit, muni**c**ipal, parti**c**ipate, publi**c**ity, simpli**c**ity, soli**c**itor, s**au**sage,<br>vel**o**city. | a**ss**a**ss**in, **e**mba**ss**y, a**ss**ault, a**ss**emble, a**ss**ert, a**ss**e**ss**ment, a**ss**ign, a**ss**ist, a**ss**o**c**iate, a**ss**ort, a**ss**ume, ca**ss**ette, d**e**ss**e**rt, e**ss**ential, po**ss**e**ss**, po**ss**ibility. |
| | A**tt**ic, attitude, ba**tt**er, ba**tt**ery, cha**tt**er, cla**tt**er, fa**tt**y, la**tt**er, ma**tt**er, pa**tt**er, pa**tt**ern, rega**tt**a, sca**tt**er, sha**tt**er, ta**tt**er, be**tt**er, confe**tt**i, je**tt**ison, je**tt**y, le**tt**er, le**tt**uce, spaghe**tt**i,<br><br>bi**tt**en, bi**tt**er, gli**tt**er, ki**tt**en, li**tt**er, mi**tt**en, pre**tt**y, si**tt**er, ti**tt**er, twi**tt**er, *wri**tt**en,*<br>bo**tt**om, co**tt**age, co**tt**on, forgo**tt**en, lo**tt**ery, mo**tt**o, o**tt**er, po**tt**er, bu**tt**er, bu**tt**on, clu**tt**er, gu**tt**er, mu**tt**er, mu**tt**on, pu**tt**y, shu**tt**er, splu**tt**er, stu**tt**er, u**tt**er. | A**t**om, ba**t**on, catalogue, catapult, category, compatible, lateral, latitude, platinum, *platypus*, satin, strategy,<br><br>athl**et**ic, magnetic, metal, petal, tetanus, veteran, yeti, competitive, Bri**t**ish, ci**t**izen, ci**t**y, cri**t**ical, pi**t**y, li**t**erally, obli**t**erate,<br><br>b**ot**any. | A**tt**a**c**h, a**tt**ain, a**tt**empt, a**tt**end, a**tt**ention, a**tt**orney, a**tt**ract, a**tt**ributed, ba**tt**alion, ma**tt**ress *(cf: matrimony),* ta**tt**oo,<br><br>**o**melette, palette, se**tt**ee. |
| Bli**zz**ard, di**zz**y, Li**zz**y, ti**zz**y,<br><br>bu**zz**ard. | Ha**z**ard, de**s**ert, de**s**ignate, de**s**olate, he**s**itate, pre**s**ent, pre**s**ident, re**s**ident, b**u**sy, li**z**ard, mi**s**erable, *phy**s**ics*, pri**s**on, ri**s**en, vi**s**ible, vi**s**it, sci**ss**ors, wi**z**ard, wi**z**ened, lo**z**enge, clo**s**et, depo**s**it, po**s**itive, do**z**en, cou**s**in. | | |

| -ccle | - Endings with a doubled consonant + <-le> (pebble, apple, rattle) and also <-ckle> (tickle).

Several dozen words use different spellings for this common pattern. <Mm>, <nn> and <rr> are always followed by <-el> - (cha*nn*el); and <ssle> is rarer than <stle>.

| | |
|---|---|
| Pebble, bubble, rubble. Toddle. Pickle, tickle. | Treble, double, trouble. Model. Nickel. |
| Apple, ripple, tipple, supple | Chapel, triple, couple. |
| Scuttle. | Subtle. |
| Dazzle. | Chisel. |
| | Camel. Pommel, pummel. |
| | Channel, flannel, funnel, kennel, tunnel. Panel. |
| | Barrel, squirrel, quarrel, laurel. |
| Hassle, | Tassel, vessel, |
| | trestle, wrestle, bristle, gristle, thistle, whistle, apostle, jostle, |
| tussle. | bustle, hustle, rustle. Muscle. Mussel. |

<F>, <l> and <s> are mostly doubled at the end of short words,
but with some exceptions:

*chef, clef;* cliff, sniff, stiff, whiff – *if;* off - *cough, trough;*
cuff, duff, gruff, puff, stuff – *rough, slough, tough;* staff – *graph, laugh.*

Ass – *gas;* bless – *yes;* fuss – *bus, plus, us.*

The following also double their final consonant: a**dd**, o**dd**, e**gg**.

# Grammatical irregularities

## Plurals of Nouns

The plural form of most nouns is formed with the addition of the letter <-s>: books, buns, plums, plays, pianos, but there are five kinds of exceptions.

1. Nouns with <-s> endings in the singular take <es>: bus – buses, glass – glasses, atlas – atlases.

2. Nouns ending in <-y> change to <-ies>: fly – flies, like $3^{rd}$ person verbs in the present tense (to fly – he flies).

3. *Some* nouns which end in <-f> or <-fe> change to <-ves>:

| Calf, | elf, | half, | knife, | leaf, | life, | loaf, |
|---|---|---|---|---|---|---|
| calves, | elves, | halves, | knives, | leaves, | lives, | loaves, |
| self, | sheaf, | shelf, | thief, | wife, | wolf. | |
| selves, | sheaves, | shelves, | thieves, | wives, | wolves. | |

Others take the normal <–s> ending

Beliefs, briefs, chefs, chiefs, gulfs, proofs, reefs, roofs, safes, serfs.

A few can be either:

Dwarfs / dwarves, handkerchiefs / handkerchieves, hoofs /hooves, oafs / oaves, scarfs /scarves, turfs /turves, wharfs /wharves.

But some spellcheckers prefer one alternative.

4. Nouns ending in <-o> generally just take <-s> in the plural too (albinos, egos, hippos, pianos, patios) but a handful use <-es>.

Buffal**o**es, dingoes, dominoes, echoes, embargoes, heroes, potatoes, tomatoes, torpedoes.

5. A few nouns are identical in the singular and plural

Sheep, deer, moose, bison, fish, salmon, trout, pike

and a few words have very irregular plurals

| Child, | man, | woman, | foot, | goose, | louse, | mouse, | tooth, | person |
|---|---|---|---|---|---|---|---|---|
| children, | men, | women, | feet, | geese, | lice, | mice, | teeth, | people. |

**The past tenses** of many verbs are formed with the addition of <-ed>:
   to play – I play*ed*, I have play*ed*.
Short verbs endings in a consonant, double this before <-ed>: pat – pat**t**ed.
Longer words are supposed do so only if the last syllable is stressed: 'perm**it** – perm**itt**ed', but 'vomit – vomited'. But *in UK English a final <-l> is also always doubled before <-ed>*: control – contro**ll**ed, travel – trave**ll**ed.

The majority of common English verbs (147 of them), are irregular, as can be seen on this and the next page: to be – I *was*, I have *been*.

\* When the participle (been, done) is not different from the simple past tense (I *lent*, I have *lent*), only one is shown and marked with \*.

| be | was | been | drink | drank | drunk |
|---|---|---|---|---|---|
| bear | bore | born/borne | drive | drove | driven |
| beat | beat | beaten | dwell | dwelt | * |
| become | became | become | eat | ate | eaten |
| begin | began | begun | fall | fell | fallen |
| bend | bent | * | feed | fed | * |
| bet | bet | * | feel | felt | * |
| bid | bid | bid/ bidden | fight | f*ough*t | * |
| bind | bound | * | find | found | * |
| bite | bit | bitten | fling | flung | * |
| bleed | bled | * | flee | fled | * |
| blow | blew | blown | fly | flew | * |
| break | broke | broken | forget | forgot | forgotten |
| breed | bred | * | freeze | froze | frozen |
| bring | br*ough*t | * | get | got | * |
| b*ui*ld | b*ui*lt | * | give | gave | given |
| burn | burned | burnt | go | went | gone |
| burst | burst | * | grind | ground | * |
| buy | b*ough*t | * | grow | grew | grown |
| cast | cast | * | have | had | * |
| catch | caught | * | hear | heard | * |
| choose | chose | chosen | hide | hid | hidden |
| cling | clung | * | hit | hit | * |
| come | came | come | hold | held | * |
| cost | cost | * | hurt | hurt | * |
| creep | crept | * | keep | kept | * |
| cut | cut | * | kneel | knelt | * |
| deal | dealt | * | know | knew | known |
| dig | dug | * | lead | led | * |
| do | did | done | lean | leaned | leant |
| draw | drew | drawn | leap | leapt | * |
| dream | dreamt | * | learn | learned | learnt |

*Italic letters* have an irregular sound (e.g. deal, d*ea*lt; dream, dr*ea*mt)

| | | | | | | |
|---|---|---|---|---|---|---|
| leave | left | * | | speak | spoke | spoken |
| lend | lent | * | | speed | sped | * |
| let | let | * | | spell | spelled | spelled/spelt |
| light | lit | * | | spend | spent | spent |
| lie/lie | lay/lied | lain/lied | | spill | spilled | spilt |
| lose | lost | * | | spin | spun | * |
| make | made | * | | spit | spat | * |
| mean | meant | * | | split | split | * |
| meet | met | * | | spoil | spoiled | spoiled/spoilt |
| mow | mowed | mown | | | | |
| put | put | * | | spread | spread | * |
| quit | quit | * | | spring | sprang | sprung |
| read | read | * | | stand | stood | * |
| rid | rid | * | | steal | stole | stolen |
| ride | rode | ridden | | stick | stuck | * |
| ring | rang | rung | | sting | stung | * |
| rise | rose | risen | | stink | stank | stunk |
| run | ran | run | | stride | strode | stridden |
| say | said | * | | strike | struck | * |
| see | saw | seen | | string | strung | * |
| seek | sought | sought | | strive | strove | striven |
| sell | sold | * | | swear | swore | sworn |
| send | sent | * | | sweep | swept | * |
| set | set | * | | swim | swam | swum |
| sew | sewed | sewn | | swing | swung | * |
| shake | shook | shaken | | take | took | taken |
| shed | shed | * | | teach | taught | * |
| shine | shone | * | | tear | tore | torn |
| shoot | shot | * | | tell | told | * |
| show | showed | shown | | think | thought | * |
| shrink | shrank | shrunk | | throw | threw | thrown |
| shut | shut | * | | thrust | thrust | * |
| sing | sang | sung | | tread | trod | trodden |
| sink | sank | sunk | | throw | threw | thrown |
| sit | sat | * | | wake | woke | woken |
| sleep | slept | * | | wear | wore | worn |
| slide | slid | * | | weave | wove | woven |
| sling | slung | * | | weep | wept | * |
| slink | slunk | * | | win | won | * |
| slit | slit | * | | wind | wound | * |
| smell | smelt/smelled | * | | wring | wrung | * |
| | | | | write | wrote | written |
| sow | sowed | sown | | | | |

**Apostrophes**

They have two main functions in English.

1) To indicate omitted letters: we'll (we *wi*ll / *sha*ll), don't (do n*o*t) won't (w*ill* n*o*t), I'm (I *a*m), he's, she's, it's (he, she, it *i*s), they're (they *a*re).

2) To show that an –s ending indicates possession, placed before the <s> in the singular (girl's friend) and after the <s> in the plural (girls' school).

Problems arise mainly with the identically sounding <its> and <it's> and plural possession <people's>, <girls'>.

**<It's>** and **<its>** cause problems because the <s> of <its> clearly indicates possession too but has no apostrophe. The rule here is that pronouns are not given an apostrophe for indicating possession <hers, his, its, ours, theirs, whose>. Many don't have an <s> ending either (my, mine, her, our, their).

With **plural nouns** the apostrophe creates problems because it is often omitted. 'Girls school', as a school for girls, is more common than 'Girls' school'. We talk of 'people power' and 'people's power', along with 'pupil power' and 'pupils' power'.

Shopkeepers who advertise <potatoes'>, probably think of themselves as sellers 'of potatoes'.

# Reading difficulties

Most variant English spellings do not cause reading problems. For example, children have to memorise word by word how to spell the /ai/ sound in <main lane>, but they can learn that an <a> followed by a consonant and an <e>, as in <m**a**n**e**>, has the same sound as the <ai> in <r**ai**n>. The pronunciation of most alternative spellings is fairly stable.

Reading difficulties are caused mainly by the variable sounds of

| a, | ea, | i, | ei, | ie, | o, | o-e, | ou, | ow |

and **inconsistent consonant doubling** (late, latter – lateral).

The changing sounds of identical letters, as in
 'swan - swam, ear - early, mild – mildew, eight – height, fiend – friend, on – only, home – come, count – countries, how – low'
make learning to read harder and slower than ones with consistent sounds (keep, sheep, sleep).

**Missing doubled consonants after short vowels** (body) create reading difficulties, by undermining the '*magic e'* (sole) and 'open vowel' (solo) concept. They obscure differences between long (l**a**te) and short (l**a**teral) vowels which proper use can make obvious (diner - dinner).

Surplus doubled letters (a**pp**ly, co**mm**itted) also make learning to read harder
 a) by making words longer than need be and
 b) suggesting the wrong stress when compared to better spellings (a**p**le, co**m**ent).


For a full list of all the letters and common English words with variable sounds see the Sight Words page at www.englishspellingproblems.co.uk .